화장化粧의
일본사

미의식의 변천

KESHO NO NIHONSHI : BIISHIKI NO UTSURIKAWARI

by YAMAMURA Hiromi

Copyright © 2016 YAMAMURA Hiromi

All rights reserved.

Originally published in Japan by YOSHIKAWA KOBUNKAN CO., LTD., Tokyo.

Korean translation rights arranged with YOSHIKAWA KOBUNKAN CO., LTD., Japan through
THE SAKAI AGENCY and IMPRIMA KOREA AGENCY.

화장化粧의 일본사

미의식의 변천

아시아의 미 9

초판 1쇄 인쇄 2019년 6월 15일
초판 1쇄 발행 2019년 6월 20일

지은이　야마무라 히로미
옮긴이　강태웅
펴낸이　이영선
책임편집　강영선

편집　강영선 김선정 김문정 김종훈 이민재 이현정
디자인　김회량 정경아
독자본부　김일신 김진규 김연수 정혜영 박정래 손미경 김동욱

펴낸곳 서해문집 | 출판등록 1989년 3월 16일(제406-2005-000047호)
주소 경기도 파주시 광인사길 217(파주출판도시)
전화 (031)955-7470 | 팩스 (031)955-7469
홈페이지 www.booksea.co.kr | 이메일 shmj21@hanmail.net

ISBN　978-89-7483-987-1　04080
ISBN　978-89-7483-667-2　(세트)

이 도서의 국립중앙도서관 출판예정도서목록(CIP)은 서지정보유통지원시스템
홈페이지(http://seoji.nl.go.kr)와 국가자료공동목록시스템(http://www.nl.go.kr/
kolisnet)에서 이용하실 수 있습니다.(CIP제어번호: CIP2019019211)

《아시아의 미Asian beauty》는 아모레퍼시픽재단의 지원으로 출간합니다.

아시아의 미 9
Asian beauty

화장化粧의 일본사

미의식의
변천

야마무라 히로미 지음
강태웅 옮김

서해문집

4. 다이쇼 시대부터 쇼와 시대 전기까지: 서양식 화장의 확대와 전쟁

5. 전후 시대: 화장이 자아내는 꿈과 동경

사람은
왜 화장을
하는가

prologue

일러두기

1. 주는 모두 역자 주다. 예외적으로 원주가 있는 경우 '원주'임을 표시했다.

2. 서적명은 발음을 우선시했으나, 이해에 도움이 될 경우 번역을 했다.

얼굴이 캔버스다

텔레비전에는 매일 기억할 수 없을 정도로 많은 화장품 광고가 나오고, 여성 잡지에는 아름다워지기 위한 노하우로 가득한 화장 특집 기사가 매월 게재된다. 요즘 화장품은 백화점이나 화장품 전문점뿐 아니라, 편의점이나 천원숍에서도 부담 없이 살 수 있는 상품이 됐다.

현대인의 일상생활에 깊숙이 자리한 화장이지만, 막상 과거의 변천을 살펴보려 하면 의외로 쉽지 않다. 가장 큰 이유는 화장의 캔버스가 살아 있는 인간의 얼굴과 몸이라는 점에 있다. 예를 들면 많은 여성이 외출 전에 파운데이션이나 립스틱을 바르지만, 하루가 끝날 때에는 씻어버린다. 매일 하는 화장은 나중에 남아 있지 않은 것이 보통이다.

이는 예나 지금이나 다를 바가 없는데, 특히 사진이 보급되기 이전 시기의 실태를 알려주는 자료는 한정적일 수밖에 없다. 게다가 화장품은 소모품이라 시간이 흐르면 내용물이나 용기가 남아 있는 일도 드물다. 패션이라는 같은 범주에 속하는 의복과 비교해도 '생생한 자료가 남아 있지 않다'는 점에서 화장은 연구하기에 더욱 모호함이 많은 분야다.

과거의 화장을 살펴보려 해도 법률이나 정치처럼 체계적으로 정리된 자료가 거의 없다. 하지만 한편으로 화장은 사람의 몸과 직접 관련 있기 때문에 문학 작품이나 회화, 예능, 교육, 풍속, 습관 등 폭넓은 분야에 걸쳐 관련된 일화를 단편적으로 발견할 수 있다.

화장의 역사를 탐구하는 작업은 그러한 단편을 모아서 빠진 조각이 많은 퍼즐을 맞추는 일과 같다. 그래서 학문적으로 오랫동안 주목받지 못했다. 문화로서의 화장에 초점을 맞춘 연구가 본격적으로 등장한 것은 1970년대 중반 이후로, 화장 관련 연구는 아직 그 역사가 짧다고 할 수 있다.

이 책은 화장과 관련된 작은 단편을 모아서 일본의 화장이 유사 이래 어떠한 변화를 거쳐 현대에 이르렀는지, 시대에 따른 사회 변동과 관련지어 간결하게 정리한 것이다. 통사通史로 쓴 이유는 화장법과 화장에 담긴 미의식이 시대에 따라 어떻게 다른지 비교해보면 일본인과 화장, 화장과 일본 사회의 관련성이 하나의 흐름 속에 정리돼 이해하기 쉽지 않을까 생각했기 때문이다.

또 이제까지 그다지 거론되지 않았던 1945년 이후, 이른바 전후戰後 시기 일본의 화장에 대해서도 쇼와 시대를 10년 단위로 나누어 특정 화장이 유행했던 사회적 배경을 함께 살펴보려 한다.

화장의 목적

본론에 들어가기에 앞서, 인간에게 화장이 어떠한 의미를 가지는지 생각해보자. 먼저 화장이란 무엇일까? 화장을 넓은 의미로 '신체 가공'이라고 파악한다면 '목욕, 이발, 세안 등으로 몸을 청결히 한다. 머리카락을 포함한 체모를 자르거나 묶거나 말거나 뽑는 등의 행위를 한다. 문신과 같이 씻어도 지워지지 않는 행위를 한다. 얼굴과 몸 표면을 연지나 백분 등으로 채색한다. 액체나 연고 등을 발라 몸의 겉 부분을 손질한다. 성형과 같은 의료 행위로 신체 일부분의 형태를 바꾼다' 등으로 말할 수 있을 것이다.

시대나 국가, 지역, 민족에 따라 화장의 정의는 다를 수 있다. 하지만 세계에 화장을 하지 않는 민족은 없을 것이다. 의복을 몸에 걸치는 것과 마찬가지로, 화장은 인간만이 특정한 의도를 가지고 의식적으로 하는 행위다.

그렇다면 사람은 도대체 무엇을 위해 화장을 하는 것일까? 화장의 목적은 사람마다 다르겠지만, '아름다워지고 싶다'는 인간이 갖는 본능적 욕구를 충족하기 위함이 첫 번째일 것이다. 왜 아름다워지고 싶으냐고 다시 물으면 '몸가짐을 단정히 하고 싶다', '이성의 눈길을 끌고 싶다', '변신하고 싶다' 등 소극적인 대답에서 적극적인 동기까지 무수한 이유가 나올 것이다.

그 밖에 화장의 목적에는 몇 가지가 더 있다. 그중 하나는 얼굴이나 몸을 자연환경에서 보호하려는 실용적 목적이다. 고대 이집트에서는 검정 또는 회색의 콜kohl(눈 화장 안료)로 아이라인을 그렸다. 미용 효과뿐 아니라, 강한 햇빛에서 눈을 보호하려는 목적이었다. 오늘날 야구선수가 눈부심을 줄이기 위해 눈 밑에 바르는 아이 블랙이나 마찬가지다. 또 극한의 땅에 사는 이누이트(에스키모)가 추위로부터 피부를 보호하기 위해 바다표범기름을 몸에 바르는 것도 실용 목적의 화장이라 할 수 있다.

게다가 화장은 특정 집단의 귀속 여부, 신분이나 계급, 연령, 혼인 여부 등을 구별하는 사회적 표시 기능을 가지기도 한다. 에도江戸 시대[1] 여성의 화장이 바로 그런 경우인데, 화장으로 여성의 신분과 미혼인지 기혼인지, 자식이 있는지 없는지 등을 알 수 있었다. 그 밖에 주술적, 종교적 목적으로도 화장을 했다. 일본에서는 신을 모시는 행사 때 아이에게 화장을 해준다. 아이에게 신이 빙의했음을 나타내는 전통에서 가져온 것이라고 한다. 이처럼 화장은 한 가지 목적으로 혹은 몇 가지 목적이 조합되어 행해져왔다.

일반적으로 문명사회에서 화장은 미적 치장을 목적으로 행하는 경우가 많다. 일본의 화장도 처음에는 주술적·종교적 목적으로 행해졌지만, 시간이 지나면서 차차 미의식에 중점을 두게 됐다.

화장으로 알 수 있는 것

화장의 역사를 잘 살펴보기 위해서는 그 범주를 한정할 필요가 있다. 화장을 넓은 범위에서 본다면 앞에서 말했듯이 신체를 가공하는 것 전부가 이에 해당한다. 그러나 여기서는 좁은 의미로 현대인이 일반적으로 생각하는 것, 즉 '사람이 얼굴에 연지나 백분 등을 칠하는 행위, 눈썹 처리 혹은 얼굴 피부 손질(스킨케어)'로 한정할 것이다. 그리고 그러한 화장을 문헌으로 확인할 수 있는 고분 시대[2]를 화장의 시작 지점으로 보려 한다. 따라서 문신과 같은 신체 가공, 머리털이나 목 아랫부분 등 얼굴 외의 부분에 행하는 화장, 성형외과나 피부과 등에서 행하는 의료 분야는 다루지 않을 것이다.

　좁은 의미의 화장 중에서도 입술연지와 볼연지, 백분과 같이 외견상 특징을 알 수 있는 메이크업 중심으로 시대의 변화를 따라가 보려 한다. 스킨케어는 시대에 따라 미의식과 화장법의 변화에서 빼놓을 수 없을 때에만 언급했음을 미리 양해를 구한다.

　현재 우리는 각자 기호에 맞추어 자유로운 화장을 선택한다고 생각한다. 그것이 국가나 지역의 문화 그리고 시대의 가치기준 등에 의해 좌우된다고는 의식하지 못한다. 그러나 실제로 화장은 우리를 둘러싼 사회에 의해 많은 영향을 받아왔고, 다양한 의미가 부여돼왔다. 예를 들면 에도 시대에 당연시되던 오하구로ぉ齒黒 화장[3]이 현대인에게 기이하게 느껴지는 것은 당시 사회가 화장에 현대와는 다른 의미를 부여했고, 그 시대의 미의식에도 영향을 주었기 때문이다.

　과거의 화장을 더듬어보는 것은 그 시대를 살았던 사람의 의식이나 생활의 일부를 아는 일이기도 하다. "그래 봤자 고작 화장 아니야?" 하고 무시하는 사람도 있겠지만, 얼굴이라는 작은 우주에 전개되는 화장을 통해서도 각 시대의 특징을 찾아볼 수 있다.

　이 책은 고대와 중세, 에도 시대, 메이지 시대, 다이쇼 시대부터 쇼와 전기, 쇼와 후기, 이렇게 다섯 시기로 구분해 화장의 변천사를 풀어 나갈 것이다. 또 본문에 인용된 원문 자료의 표기는 옛 한자가 아니라 상용한자로 바꾸었다.

고대부터
중세까지:
화장의
여명기

I

고분 시대부터
나라 시대까지:
기본 3색의 등장

대륙문화의 영향

사방이 바다로 둘러싸인 섬나라 일본은 고대부터 문화가 앞선 중국, 한반도와 인적·물적 교류를 했고, 문자를 비롯해 정치체제, 법률, 종교, 의복, 생활양식 등을 취사선택하여 받아들였다. 화장품 제조법과 화장법도 마찬가지로, 처음에는 대륙에서 전해졌다.

대륙의 영향을 받은 화장이 일본의 독자적 화장으로 바뀌는 것은 헤이안平安 시대[4] 중기 무렵이다. 궁궐 문화가 세련돼지면서 지배 계급인 귀족에 의해 백분과 연지 사용, 오하구로 화장, 눈썹 화장 등 일본 전통 화장의 기초가 마련됐다. 이는 정치권력이 귀족에서 무사 계급으로 옮겨간 가마쿠라鎌倉, 무로마치室町 시대[5]까지도 이어졌다.

일본의 전통 화장에 사용된 색은 기본적으로 하양, 빨강, 검정 세 가지였다. 하양은 백분, 빨강은 입술연지나 볼연지 그리고 검정은 오하구로와 눈썹 화장의 색으로 쓰였다. 이 세 가지 색은 서양 화장이 일본에 들어오기까지 1000년 이상에 걸쳐 일본 전통 화장의 기본색을 이루었다.

에도 시대 이전 화장에 대한 자료는 극히 적지만, 이 장에서는 현존하는 문헌과 회화 자료 등을 바탕으로 화장의 변천을 살펴보도록 하자.

화장의 시작

일본에서 화장에 대한 기록이 나오는 가장 오래된 문헌은 8세기 전반 성립한《고사기古事記》와《일본서기日本書紀》그리고 7세기 후반에서 8세기 후반의 와카和歌[6]를 모은《만엽집萬葉集》등이다. 그 이전 자료는 중국 역사서〈위지왜인전魏志倭人傳〉[7]에 나오는데, 이 책에는 3세기 왜인(일본인)의 풍속이 기록돼 있다.

〈위지왜인전〉에 일본에서는 "중국이 분을 사용하는 것처럼 주단朱丹을 몸에 바른다"라고 나온다. 주단이란 붉은빛이 나는 안료를 말한다. 이 무렵 얼굴과 몸에 백분처럼 바르는 '붉은 화장'을 한 것으로 보인다.

그림 1. 무녀 하니와. 6세기 중엽에서 말엽에 조성된 것으로 보이는
고즈케쓰카마와리 고분군上野塚廻り古墳群 출토. 문화청 소관,
군마현립역사박물관群馬縣立歷史博物館 제공

시대가 흘러 5~6세기의 사람 모양 하니와埴輪[8]에는 눈 주위와 볼에 붉게 칠한 흔적이 남아 있는데, 의례에서 붉은색을 얼굴에 바르던 고대인의 습관이 하니와에 반영된 것으로 생각된다(그림 1).

고분 시대의 붉은 안료에는 주단과 벵갈라Bengala(탄화철) 등이 사용됐다. 안료는 고분 내부 장식에 사용하거나 관에 칠했고, 죽은 이의 몸에 바르기도 했다. 이러한 풍습은 원시 시대와 고대에는 일본뿐 아니라 세계 각지에서 행해졌다. 빨강은 태양의 색이며, 붉게 타오르는 불과 뚝뚝 떨어지는 피를 연상시킨다. 고대인에게 빨강은 죽은 이의 넋을 진정하고 재생을 기원하는 주술적 의미를 가진 신성한 색이기도 했다. 동시에 얼굴을 붉게 칠하는 행위는 살아 있는 인간을 위해 액막이를 하는 의미도 있었다.

한편 〈위지왜인전〉에는 '흑치국黑齒國'이라는 기록이 나오는데, 치아를 검게 물들이는 오하구로 풍습을 연상케 한다. 장소를 특정할 수는 없지만 일본에 오하구로 화장을 하던 지역이 있었음을 추측할 수 있다. 가네鐵漿라고도 하는 오하구로 화장은 남방계 민족이 일본에 도래하면서 들여왔다는 설과 일본에서 독자적으로 발달했다는 설, 인도에서 중국이나 한반도를 경유해 전해졌다는 설 등이 있어 그 기원은 확실치 않다.

일본 문헌 중에서는 《고사기》에 오진應神 천황 때 젊은 여성의 오하구로 화장으로 해석할 수 있는 기록이 보이지만, 확실히 그 존재를 알 수 있는 문헌은 헤이안 시대 중기의 《와묘루이주쇼和名類聚抄》다. 《와묘루이주쇼》는 조헤이承平 연간(931~938)에 편찬된 일본 최고最古의 한화사전漢和辭典[9]이다. 이 사전에 '흑치'가 속칭 '하구로메'이고, "요즘 부인들에게 흑치 도구가 있다"라고 나온다. 즉 당시 오하구로 화장을 하는 여성이 있었고, 그 화장 도구도 있었다는 것이다. 그러나 자세한 문헌 자료가 없어 '검은 화장'인 오하구로가 정착되는 과정에는 실로 수수께끼가 많다.

검은 화장에는 오하구로뿐 아니라 눈썹 화장도 있다. 《고사기》에는 이것도 오진 천황 때의 일로, 젊은 여성이 "눈썹을 진하고 끝이 내려가는 모양으로 그렸다"라고 기록하고 있어, 늦어도 《고사기》가 쓰인 712년경에는 여성의 눈썹 화장이 있었던 것이 확실해 보인다.

빨강과 검정에 이어 '하얀 화장'인 백분이 최초로 등장하는 것은 《일본서기》의 지토持統 천황 6년(692)의 일이다. 나라 간고지元興寺의 간조觀成라는 승려가 '연분鉛粉(납백분)'을 만들어 여성 천황인 지토에게 헌상했고, 천황이 그 백분을 칭찬하여 포상했다는 것이다. 이것이 문헌에 남아 있는 가장 오래된 백분 제조 기록이다. 납을 재료로 한 백분은 중국에서는 후한後漢(25~220)

무렵 이미 사용했기에 백분 제조 기술도 대륙에서 들어온 것으로 생각된다.

얼굴과 몸에 바르는 안료의 빨강, 눈썹과 오하구로 화장의 검정, 백분의 하양. 일본의 화장은 이 세 가지 색을 기본으로 발달해 나갔다.

당나라를 모방하다

일본이 대륙의 발달한 문화를 배우기 위해 바다 건너 수나라에 견수사遺隋使를 파견한 것은 아스카飛鳥 시대[10]인 스이코推古 천황 8년(600)부터였다. 수나라가 멸망한 후에는 당나라에 견당사遺唐使를 파견했는데, 여러 지식과 기술을 가지고 돌아와 국가 건설의 기틀을 마련했다.

아스카 시대와 나라奈良 시대(710~748)[11]는 대륙 문화를 적극적으로 받아들인 시기였다. 당나라의 영향은 여성의 의복과 머리 모양 같은 패션 분야에 눈으로 확인할 수 있는 사례가 남아 있다. 그렇다면 화장도 당나라를 모방했으리라고 생각하는 것이 자연스럽지만, 이는 검증할 단서가 적다. 극히 적게 남아 있는 회화가 당시의 화장을 추측해볼 수 있는 귀중한 자료다.

그중 하나가 후지와라藤原 수도기[12]에 축조된 다카마쓰高松

그림 2. 다카마쓰 고분의 서쪽 벽화 내 여성 군상,
문부과학성 소관

그림 3. 〈도리게리쓰조 병풍〉 네 번째 쪽. 정창원正倉院 보물

고분의 서쪽 벽화 내 여성 군상으로, 가는 눈썹에 붉은 입술을
한 아스카 미인이 그려져 있다(그림 2). 주단으로 채색된 입술은
유달리 빨간데, 마치 연지를 바른 듯하다. 그러나 동쪽 벽에 그려

진 남성의 입술도 마찬가지로 빨갛기 때문에 아쉽게도 벽화의 여성이 화장을 한 것이라고 단언할 수는 없다.

다음으로 나라 시대를 대표하는 회화 〈도리게리쓰조 병풍鳥毛立女屛風〉에 주목해보자(그림 3). 도다이지東大寺의 헌물첩에 756년 기재된 〈도리게리쓰조 병풍〉은 일본에서 만들어졌지만, 여섯 폭에 그려진 여섯 명의 여성은 모두 당나라 시대의 기준인 풍만한 몸을 하고 있다.

모든 여성의 얼굴은 이렇다. 입술과 볼은 빨갛고, 눈썹은 반원 모양(그중 네 명은 눈썹 선이 도중에 끊겨 있다)이며, 이마 중앙에는 꽃잎 모양의 화전花鈿을, 입술 옆 양쪽 볼에는 보조개 모양의 엽전靨鈿을 그려 넣었다. 이는 모두 당나라 화장의 특징이다. 매우 비슷한 화장을 한 회화가 중국 투루판의 당나라 묘에서 발견되는 것으로 보아 〈도리게리쓰조 병풍〉의 화장은 당을 모방한 것이라 할 수 있다.

중국의 미의식

그렇다면 중국의 미의식을 살펴보자. 기원전 11세기부터 기원전 6세기까지의 작품을 모았다는 중국 최고最古의 시집《시경詩經》에는 '석인碩人(미인)'을 읊은 시가 실려 있다. 여기에 "피부는 응지凝脂(뭉친 지방, lard)와 같다"라는 구절이 나온다. 중국에서는 하얗고 부드러운 피부를 예부터 응지에 비유했는데, 이는 미인의 조건이었다.

이 같은 미의식은 시간이 흘러도 변하지 않아 당나라 때도 하얀 피부 화장은 변함없이 이어졌다. 여기에 더해 백분을 바른 위에 볼연지를 극도로 빨갛게 바르는 화장이 유행했다. 당 문화를 동경하던 일본 궁궐에서 〈도리게리쓰조 병풍〉이 그려지던 즈음 당과 마찬가지로 볼과 입술을 빨갛게 하는 화장이 궁궐 여성에게 행해졌다 해도 이상한 일은 아니다.

〈도리게리쓰조 병풍〉에서 볼과 입술의 빨강을 강조한 화장과 더불어 특징적인 것은 크게 반원 모양으로 그려진 눈썹이다. 일본 문화에 커다란 영향을 준 당나라의 여성은 눈썹 화장에 매우 신경을 썼다. 눈썹먹을 가지고 유행하는 형태로 눈썹을 그리는 것은 치장의 핵심이었다. 그런 만큼 눈썹 그리는 법도 다채로웠다. 양귀비를 총애한 것으로 유명한 당 현종이 눈썹 형태를 열가지로 분류한 〈십미도十眉圖〉를 화공에게 그리게 할 정도였다. 그 열 가지를 나열해보면 원앙鴛鴦 눈썹, 소산小山 눈썹, 오악五嶽 눈썹, 삼봉三峯 눈썹, 수주垂珠 눈썹, 월릉月稜 눈썹, 분초分稍 눈썹, 함연涵烟 눈썹, 불운拂雲 눈썹, 도훈倒暈 눈썹이다. 아쉽게도 이름만 남아 있어 구체적 형태는 명확하지 않지만, 눈썹 화장의

그림 4. 〈야쿠시지 길상천상〉. 야쿠시지 소장

다양함과 현종의 눈썹에 대한 집착은 알 수 있다.

그렇다면 나라 시대 일본인의 눈썹에 대한 미의식은 어땠을까?《만엽집》에서 눈썹을 표현한 구절을 찾아보면, 오토모노 야카모치大伴家持의 "고개 들어 초승달을 보니 한 번 만났던 그 사람의 그린 눈썹 생각나네"를 비롯해 "초승달 눈썹", "버들잎 눈썹", "푸른 버들잎같이 가는 눈썹"처럼 아름다운 눈썹은 초승달과 버들잎에 비유됐다. 초승달과 버들잎은 둘 다 길게 호를 그린 형태라서 〈도리게리쓰조 병풍〉과 〈야쿠시지 길상천상藥師寺吉祥天像〉(771)의 눈썹과도 통하는 면이 있다(그림 4). 이러한 회화는 당시 눈썹에 대한 일본인의 미의식이 어떠했는지를 잘 보여준다.

헤이안 시대:
당풍에서
국풍으로

궁궐 여성의 검은 화장

당나라를 모방한 문화는 헤이안 시대 중기 무렵 일본적인 것으로 소화되는데, 이른바 국풍國風 문화가 발달한다. 그 배경에는 후지와라 일족의 섭관攝關 정치[13]로 인해 국정이 안정됐다는 점 그리고 일본 독자의 문화가 함양되는 토양이 다져졌다는 점이 있었다. 또 9세기 말 견당사를 폐지한 것도 하나의 계기가 됐다. 당과의 공식적인 문화 교류가 끊긴 결과, 이제까지 받아들인 대륙 문화를 토대로 일본의 풍토와 일본인의 감각에 맞는 새로운 미의식이 생겨난 것이다.

그 역할을 담당한 것은 궁궐 귀족이었다. 여성 의상의 경우 〈도리게리쓰조 병풍〉에서 볼 수 있는 윗옷과 치마의 조합이 주니히토에十二單[14]로 바뀌었다. 그리고 풍성한 느낌의 주니히토에와 균형을 맞추듯이 머리 모양은 당풍唐風의 말아 올린 머리에서 등 뒤로 늘어뜨리는 형태로 변화했다.

헤이안 시대는 화장에서도 빨강, 하양, 검정 세 가지 색으로 구성된 전통 화장의 기초가 만들어진 시기였다. 헤이안 시대 중기에 쓰인《겐지 이야기源氏物語》와 같은 궁정문학에서는 수는 적지만 백분과 오하구로 화장, 눈썹 화장을 하는 궁궐 여성의 모습을 찾아볼 수 있다. 당시 화장품은 귀중품이었고, 화장을 할 수 있는 사람은 귀족이나 지방호족과 같은 지배 계층이 중심이었다.

세 가지 색 화장 가운데 검은 화장은《겐지 이야기》의 주인공 히카루 겐지의 부인인 무라사키노 우에의 소녀 시절에 나온다. 겐지와 혼인하기 전에 그녀는 "눈썹 주위가 어렴풋하다"라고 표현된 것처럼 진하지 않은 자연 그대로의 눈썹을 가지고 있었다. 그런데 혼인 후 겐지의 지시로 오하구로 화장을 하고 눈썹 단장을 하자 "눈썹이 선명해져 아름다웠다"라고 묘사된다. 당시의 눈썹 화장이란 족집게로 눈썹을 뽑고 눈썹먹으로 새로 그리는 것이었다. 이때 무라사키노 우에의 나이는 열 살 전후로, 오하구로와 눈썹 화장을 시작할 연령이었다.

거꾸로 귀족 여성이 나이가 찼는데도 오하구로 화장이나 눈썹 화장을 하지 않으면 상식에 어긋나는 일로 여겨졌다.《쓰쓰미

그림 5. 직선에 가까운 눈썹, 〈겐지 이야기 두루마리 그림〉(부분),
고토미술관五島美術館 소장

추나곤 이야기堤中納言物語》〉**15** 중의 한 단편인 〈벌레를 좋아하는

아씨虫めづる姫君〉가 이를 잘 보여준다. 〈벌레를 좋아하는 아씨〉

의 주인공은 아름다운 나비보다 추한 털벌레를 귀여워하는 독특한 여성이다. 그녀는 있는 그대로가 좋다며 눈썹을 뽑지 않았고 오하구로 화장도 하지 않았는데, 새하얀 치아를 드러내며 웃었기 때문에 시중드는 시녀들한테도 별난 사람 취급을 받았다. 아씨를 엿본 남자도 그녀가 오하구로 화장을 하지 않아서 매력이 없다고 말한다.

이러한 예에서 귀족의 경우 화장은 당연했고, 특히 오하구로와 눈썹 화장이 성인 여성의 아름다움을 나타내는 방법이었음을 알 수 있다.

헤이안 시대 말기의 〈겐지 이야기 두루마리 그림源氏物語繪卷〉과 같은 두루마리 그림에서 묘사된 눈썹을 보면(그림 5), 그 형태가 나라 시대의 〈도리게리쓰조 병풍〉처럼 호를 그린 형태에서 두껍고 직선에 가까운 형태로 변화했음을 알 수 있다 또 검은 화장인 오하구로나 눈썹 화장은 동시대 중국이나 한반도에서는 찾을 수 없기에 일본의 독자적 미의식이 나타난 것이라고 볼 수 있다.

특권 계급의 하얀 피부

한편 《겐지 이야기》는 용모의 아름다움을 말하면서 "하얗고 아름답다", "얼굴색은 하얗고 빛나는 듯하다" 등과 같이 하얀 피부를 거론하기에, 국문학자도 당시에는 하얀 피부가 아름다움을 표현하는 말로 사용됐다고 생각한다.

《겐지 이야기》가 쓰이기 전인 948년 일본에서 가장 오래된 의학서 《이신보醫心方》가 조정에 헌상됐다. 《이신보》는 궁중 의관醫官 단바노 야스요리丹波康賴가 수와 당의 방대한 의학서에 나오는 처방을 추려서 30권으로 정리한 책이다. 이 책에 나오는 처방 중에는 발모제, 머리털에 윤기를 주는 법, 흰머리 염색약 등 헤어 케어에 관련한 처방이 다수 포함돼 있다. 머리털에 대한 처방이 많은 것은 헤이안 시대에 풍성한 검은 머리가 미인의 조건이었음을 고려하면 납득이 간다.

주목할 점은 하얀 피부로 만들어주는 내복약이나 얼굴에 발라 피부를 하얗게 하는, 현대의 화장품과 비슷한 처방도 있다는 점이다. 이런 내용은 〈미인이 되는 방법〉이라는 장에 실려 있다. 머리 관련 처방과 비교하면 수는 훨씬 적지만 '미인'과 '하얀 피부'가 연결된다는 점으로 보아 《이신보》가 편찬됐을 당시 일본에 이미 하얀 피부에 대한 미의식이 존재했음을 알 수 있다.

하얀 피부는 햇볕에 그을리는 노동을 하지 않는 고귀한 신분임을 증명하고, 동시에 당시 귀중했던 백분을 손에 넣을 수 있는 부유한 계층에 속함을 의미했다. 말하자면 하얀 피부는 특권 계층에게만 허용되는 신분의 상징이었던 셈이다. 하얀 피부를 아름답다고 생각하는 미의식은 고대부터 동서양을 막론하고 존재했는데, 그것은 하얀 피부의 희소성을 사람들이 동경했기 때문일 것이다.

하얀 피부를 만들기 위해 사용된 백분은 헤이안 시대에는 '하얀 것しろきもの, 白い物' 또는 '하후니ハフニ'라고 했고, 광물성인 납 백분 이외에 찹쌀이나 조 등을 가루로 만든 것도 있었다. 이것들을 사용해 귀족 여성이 어떻게 화장을 했는지 궁금하지만, 자세한 내용을 알 수 있는 자료는 남아 있지 않아 당시 귀족의 생활로 미루어 상상해볼 수밖에 없다.

헤이안 시대의 귀족은 신덴즈쿠리寢殿造り[16]라는 저택에 살았는데, 처마가 길어 빛이 들기 힘든 구조였다. 그리고 조명에 사용한 등대燈臺(등유에 등심을 담근 기구)는 현대와 달리 밝지 않았다. 외출 기회가 많지 않은 귀족 여성에게 생활의 중심은 저택 안이었다. 그렇다면 화장은 실내에서 돋보이게 하기 위한 것이 아니었을까.

일반적으로 화장은 미적 균형을 염두에 둔 행위다. 어두운 실내에서 검고 긴 머리와 오하구로, 눈썹 화장 등 '검은 화장'과의 미적 균형을 생각한다면 피부 화장은 백분을 진하게 발라 하얀 얼굴을 강조하는, 즉 대비가 분명한 화장이었을 것이다.

수수께끼가 남는 붉은 화장

앞에서 소개한 헤이안 시대 중기의 한화사전인《와묘루이주쇼》
에는 '붉은 화장'에 해당하는 '정분梔粉'이 나온다. 정분의 일본
이름은 '베니臙迩, べに'로, '볼에 바르는 붉은 가루'라는 뜻이다.
즉 볼연지다. 당나라 때는 잇꽃에서 추출한 빨강 화장에 많이 사
용됐기에 중국을 모방한 일본에서도 백분을 잇꽃으로 붉게 물들
여 볼연지로 썼을 것이다.

《와묘루이주쇼》에는 볼연지 외에도 오하구로, 눈썹먹, 백분이
화장의 구체적인 항목으로 실려 있지만, 입술연지에 대한 기술
은 없다. 그뿐 아니라 당시의 여류 문학에도 입술연지를 발랐다
고 확증할 수 있는 표현은 이상하게도 나오지 않는다. 그렇다면
입술연지가 없었을까? 그렇지 않다. 예법서인《고케시다이江家
次第》(1111)에 화장 도구로 '고시바코口脂筥(입술연지 상자)'가 나오
기 때문에 헤이안 후기에는 입술연지가 있었던 것 같다.

당시의 붉은 화장에 대해서는《겐지 이야기》〈패랭이꽃常夏〉
에 나온다. 오미近江 아씨가 달달하고 급이 떨어지는 향을 옷에
배게 하고 난 후 볼에 "연지라는 것을 몹시 붉게 바르는" 장면이
그것이다. 오미 아씨는 시골 출신의 교양 없는 여성으로, 이 소
설에서는 익살스러운 역할이다. 이로 미루어보아 당시 사람들은

진하게 연지 바르는 것을 품위 없는 화장으로 생각한 것 같다. 아마도《겐지 이야기》가 쓰인 헤이안 시대 중기에는 나라 시대처럼 입술과 볼을 빨갛게 강조하는 화장은 한물가고, 연지는 옅게 바르는 것이 좋다는 미의식으로 바뀐 것 같다.

그런데《겐지 이야기》로부터 약 150년 후에 나온《규안요넨키久安四年記》에는 "궁녀가 연지 바를 때 볼은 빨갛게 하고 주위로 갈수록 연하게 했다. 백분만 바르고 연지가 옅은 것은 좋지 않다 하니, 요즘 궁녀의 화장은 옛날과 상이하다"라는 내용이 실려 있다. 궁녀의 볼연지 화장법을 설명하면서, 백분만 바르고 볼연지가 옅은 것은 좋지 않고, 옛날과 지금은 궁녀의 화장이 다르다고 한 것이다. 이 말은 길었던 헤이안 시대에 빨간 화장 유행이 짙어졌다 옅어졌다 했다는 뜻으로,《규안요넨키》가 저술된 무렵에는 미의식이 다시 변화하여 볼연지가 짙어진 모양이다.

가마쿠라 시대부터
아즈치모모야마 시대까지:
무사들도
화장을 하다

화장하는 공가 남성

헤이안 시대 중기에 여성이 하던 화장은 후기가 되자 공가公家[17] 남성에게도 퍼져 나갔다. 예법서인《테이조 잡기貞丈雜記》(1784)에 따르면 그 시작은 12세기 전반 무렵이다. 풍류를 즐기는 좌대신 미나모토노 아리히토源有仁가 여성을 흉내 내서 눈썹을 뽑고, 백분과 오하구로 화장, 붉은 화장을 한 것이 최초라고 전해진다. 그 밖에 남색男色이 성행했기 때문에 젊은 공가 남성이 화장을 했다는 설도 있다.

무로마치 시대가 시작될 무렵에는 천황과 공가 남성은 원복元服(성인식) 전에 오하구로 화장을 하고, 눈썹을 뽑고, 눈썹먹으로 눈썹을 그리는 의식을 하게 됐다.

〈가스가곤겐겐키에春日權現驗記繪〉(1309년경)나 〈하세오조시長

그림 6. 〈가스가곤겐겐키에〉. 궁내청 산노마루쇼조칸三の丸尚藏館 소장

谷雄草紙〉(가마쿠라 시대부터 남북조 시대 사이)와 같은 두루마리 그림에서는 화장한 하얀 피부에 두꺼운 타원형 눈썹을 가진 공가 남성과 주위의 신분이 낮은 사람을 구분할 수 있다(그림 6). 풍류로 시작했다는 공가 남성의 화장이 어느새 높은 신분과 지위를 나타내는 계급의 표시로 사회에 정착한 것으로 보인다.

공가 남성에서 비롯한 화장은 무사 계급에도 영향을 미쳤다. 헤이안 시대 말기에는 무사가 정치의 실권을 쥐었고, 대표적 무사 집단인 다이라씨平氏와 미나모토씨源氏 가운데 먼저 권력을 차지한 다이라씨가 조정이 있는 교토에 거소를 정하고 공가를 흉내 내어 화장을 시작했다.

다이라씨의 영고성쇠를 기록한 《헤이케 이야기平家物語》(가마쿠라 시대 성립)에는 미나모토씨와의 결전에서 패배하게 되는 다이라씨의 무장이 화장한 모습으로 등장한다. 다이라노 기요모리平清盛의 조카에 해당하는 다이라노 아쓰모리平敦盛는 이치노타니一の谷 결전에서 미나모토씨의 무사 구마가이 나오자네熊谷直實에게 죽임을 당하고 만다. 이때 열예닐곱 살 정도였던 다이라노 아쓰모리는 옅은 화장에 오하구로도 칠하고 있었다. 또 다이라씨의 무장 다이라노 다다노리平忠度는 미나모토씨의 무사와 마주쳤을 때 아군이라고 속여 도망가려 했지만, 미나모토씨가 할 리 없는 오하구로 화장을 하고 있었기 때문에 적군임이 간파

돼 죽임을 당하고 말았다.

무사의 오하구로 화장

무가 남성의 화장도 기본적으로 신분이 높은 무장이 하던 권위의 상징이었다. 무가의 최고 권력자 집안인 쇼군將軍가의 남성도 무로마치 시대에는 공가와 마찬가지로 원복 전에 오하구로 화장을 했다. 일례로《니나가와치카모토蜷川親元 일기》에 따르면 8대 쇼군 아시카가 요시마사足利義政의 차남 아시카가 요시히사足利義尚는 1473년 12월 19일 세는 나이로 아홉 살에 원복을 하고 쇼군에 오르는데, 바로 전인 11월 30일 오하구로 축하연을 치렀다.

아시가루足輕에서[18] 출세한 것으로 유명한 도요토미 히데요시豊臣秀吉도 화장을 했다. 1590년 3월 천하통일을 목전에 두고 오다와라小田原 원정에 출진했을 때 히데요시는 오하구로 화장을 한 채였다. 4년 후인 1594년 도쿠가와 이에야스德川家康와 같은 유력 무장과 공가 등 총 5000명을 이끌고 간 요시노吉野의 벚꽃놀이에서는 "오하구로 화장뿐 아니라 눈썹도 그렸다"라고《다이코키太閤記》는 전한다. 무사로서는 처음으로 공가의 최고 지위에 해당하는 관백關白과 태정대신太政大臣 자리에 오른 히데요시는 성대한 벚꽃놀이 장소에서 자신의 권위를 과시하기 위해 일부러 높은 신분을 강조하는 화장을 했을 것이다.

이처럼 권위를 나타내는 화장과 달리, 일부 지역에서는 오하구로 화장이 신분과 상관없는 다른 의미로 무사 계급에 침투했다. 무로마치 시대 말기에 활약한 사쓰마薩摩의 전국 무장 시마즈 다다요시島津忠良의 영지에서는 사무라이가 사카야키月代[19]를 하지 않고 입을 헹구지 않으며 오하구로 화장을 하지 않는 행위는 금기였고, 이를 지키지 않는 자는 임관이 취소되는 일도 있었다고《닛신보사쓰키日新菩薩記》는 전한다. 시마즈 집안에서 오하구로 화장은 무사가 해야 하는 일상의 단정한 몸가짐이었던 것이다.

또 오다와라의 호조씨北条氏 휘하 무사도 오하구로 화장을 했다.《호조고다이키北条五代記》에 따르면 사무라이는 '현신賢臣은 두 군주를 모시지 않는다'는 정신을 오하구로 화장에 적용해 '오하구로 화장의 검정은 불변의 색'이라고 하며 충의의 표시로 나이에 상관없이 치아를 검게 물들였다.

그런데 시대가 바뀌어 에도 시대가 되자 무가 남성은 화장을 하지 않게 됐다. 이유는 확실치 않지만 전란의 시대가 끝났기에 이제 전투 차림 명목으로 화장할 필요가 없어졌기 때문일 것이다. 또 무가제법도武家諸法度[20]에 나오듯이 화려함을 삼가고 검약을 규범으로 하는 에도 막부의 태도도 무가 남성을 화장에서 멀어지게 한 이유 중 하나일 것이다.

한편 전통문화를 계승하는 입장인 천황과 공가 남성은 메이지 정부가 금지하는 19세기 후반까지 백분과 오하구로 화장, 눈썹 그리기 등을 계속했다.

예법에 포함되다

가마쿠라, 무로마치 시대의 남성 화장은 군기물軍記物[21] 등에서 찾을 수 있지만, 전란이 계속된 이 시대 여성의 생활 모습은 남성의 그늘에 가려져 잘 드러나지 않는다. 하지만 근소하게 남아 있는 문헌이나 그림에서 여성의 화장도 시간이 지남에 따라 귀족 이외의 신분과 계층에 조금씩 침투해 고위층 무가와 유복한 가문의 여성, 가무를 하는 유녀遊女[22] 그리고 일부이긴 하지만 일반 여성에게도 퍼졌음을 알 수 있다.

무로마치 시대에 접어들면 상류층 성인의 상징으로 행해지던 '검은 화장'이 남녀 모두 따라야 할 예법에 포함되어 오하구로와 눈썹 화장을 처음 할 때 축하연을 열게 됐다. 예를 들면 무로마치 시대 중기의 공경公卿 마데노코지 도키후사萬里小路時房의 일기《겐나이키建內記》에 따르면 도키후사는 1431년 딸이 아홉

살이 되자 오하구로와 눈썹
화장 축하연을 열어주었다.
도키후사는 딸의 이를 세
번 검게 물들였고 그의 아
내는 딸의 눈썹을 뽑았다.
그런 다음 삼헌三獻의 예를
올렸다.

한편 무가에서는 무로마
치 시대에 사회적 지위가
향상되자 공가를 본받아 신
분의 격식에 맞춘 독자의
예법이 정비됐다. 혼례 의
식도 그중 하나였다. 공가

그림 7. 노의 가면. 〈고모테 하나花〉,
무로마치 시대,
미쓰이 기념미술관三井記念美術館 소장

는 전통적으로 사위가 처가로 들어가는 혼례를 올린 반면, 무가
는 부인을 맞아들이는 혼인을 했다. 무가 예법의 대가 이세 사다
미치伊勢貞陸(1463~1521)는 무가 여성이 시집갈 때의 의상과 혼
례 도구, 의식 순서를 《요메이리키嫁入記》에 기록했는데, 혼례 도
구에는 백분과 눈썹먹을 넣어두는 작은 상자와 오하구로 화장
도구 등이 포함됐다. 상급 무가는 이러한 예법서를 참고로 하여
혼례 물품을 주문 제작했다.

또 무로마치 시대에는 막부의 내실에서 일하는 시녀까지도 정해진 예법에 따라 오하구로와 눈썹 화장을 했다. 오하구로 화장을 하는 연령은 아홉 살이며, 열대여섯 살부터는 눈썹 화장을 해야 했다. 《오조로온나노코토大上臈御名之事》에는 무로마치 시대 중기의 오조로大上臈라는 여관女官의 관직명과 지켜야 할 예법 등이 나온다. 즉 오하구로 화장은 아홉 살 때부터 하고, 열대여섯 살부터는 눈썹을 그리라고 기록돼 있다. 이는 눈썹과 오하구로 화장 같은 '검은 화장'이 무가 예법에 포함돼 있었고, 내실의 시녀까지도 이를 따랐음을 보여준다.

당시 화장을 모사한 것이 노能[23]의 가면이다. 무로마치 시대에 제작된 '고모테小面'와 '마고지로孫次郎'를 보면 하얀 피부에 연지를 바른 듯 붉은 입술을 하고 치아는 검은색이다. 눈썹은 이마가 시작되는 부분에 두껍게 그려져 있다(그림 7).

세월이 지나 아즈치모모야마安土桃山 시대[24]가 됐지만, 그림 8의 〈아자이 나가마사浅井長政의 부인 오이치노카타お市の方〉와 〈호소카와 아키모토細川照本의 부인 오이누노카타お犬の方〉를 보면 알 수 있듯이 여전히 이마가 시작되는 부분 가까이에 눈썹을 그렸다. 헤이안 시대의 〈겐지 이야기 두루마리 그림〉에서보다 눈썹 위치가 높아진 것을 볼 수 있는데, 눈썹 화장이 시대에 따라 조금씩 변했음을 알 수 있다.

그림 8. 〈아자이 나가마사의 부인 오이치노카타〉, 지묘인持明院 소장

　여성의 화장에 대해서는 포르투갈 선교사인 루이스 프로이스 Luis Frois가 흥미로운 기록을 남겼다. 프로이스는 천주교 포교를 위해 1563년 일본에 왔다. 약 20년 후인 1585년 그는 일본과 유럽의 풍속 전반을 비교하는 작은 책을 썼다.

　일본어로 번역된《프로이스 일본 각서フロイスの日本覺書》에서 그는 유럽 여성이 "위엄 있고 정돈된 눈썹을 자랑으로 하는" 반

면, "일본 여성은 털 하나도 남기지 않고 모두 족집게로 뽑아버린다"라고 했다. 또 "일본의 귀부인은 정장을 할 때 검은 염료를 약간 이마에 바른다"라고 서술했다. 이것은 상류 계급 여성이 의례용 정장을 입을 때 하는 눈썹 화장을 가리키는 듯하다.

그 밖에도 일본 여성은 "철과 식초로 입과 치아를 □와 같이 검게 하기 위해 노력한다"(□ 부분은 원문에 없다), "백분을 바르면 바를수록 한층 우아하다고 생각한다" 등 오하구로와 백분 화장에 대해서도 잘 관찰했다. 백분에 대해서는 "중국에서 대량으로 운반되지만, 여전히 부족하다"라고 적혀 있어 중국 수입품이 사용되던 정황도 알 수 있다.

프로이스의 기록은 16세기 말 일본 여성이 백분, 오하구로, 눈썹 화장을 했음을 뒷받침해준다. 하지만 그가 말하는 '일본 여성'이 어느 계층을 가리키는지는 애매하여 당시 화장이 서민층에 어느 정도 퍼졌는지는 확실히 알 수 없다. 문헌과 회화를 통해 서민 여성의 화장이 어떠했는지 알 수 있게 되는 것은 전국 시대가 끝나고 안정을 되찾은 에도 시대부터다.

에도 시대:
전통 화장의
확립

2

봉건사회와
여성의
화장

상류층에서 서민층으로

도쿠가와 이에야스가 에도에 막부를 연 것은 1603년이다. 에도 시대에는 막번 체제[25] 아래 265년이라는 긴 세월 동안 정치적 안정이 유지됐다. 17세기 전반부터 막부는 통치 기반을 굳건히 하기 위해 무가를 통제하는 무가제법도를 발포하고, 기독교 금제禁制와 쇄국 등 정치와 외교에 관한 정책을 시행했다. 경제 면에서는 전국 통용 화폐를 제정하고, 에도와 각 지방을 잇는 가도街道와 해로를 정비하여 전국적 시장망을 구축함으로써 국내 산업을 발전시켜갔다.

사상 면에서는 유교가 막번 체제를 지탱하는 기둥이 됐다. 유교 중에서도 관학이 된 것은 주자학이었다. 신분 질서와 예절을 중시하는 주자학의 사상은 무가 정치의 기본 이념이 됐을 뿐 아니라, 가족제도에도 적용되어 아버지와 남편이 가장으로 권력을 쥐고 아내와 자식을 따르게 하는 '이에家 제도'가 성립됐다. 삼종사덕三從四德과 같은 유교의 가르침은 여성의 도덕규범이 됐고, 여성의 화장 인식에도 적잖은 영향을 미쳤다.

17세기 말부터 18세기 초까지 교토와 오사카를 중심으로 겐로쿠元禄 문화가 꽃피었다. 호상豪商과 같이 경제력을 바탕으로 한 유복한 서민이 등장해 패션과 관련한 문화를 발전시킨 것도 이즈음부터다. 그다음 분카·분세이文化·文政(1804~1830) 시기가 되자 교토와 오사카보다는 늦었지만 에도에서도 화장이 서민층에 퍼지게 됐다.

에도 시대에 화장을 한 것은 공가와 가부키 배우 등 극히 소수의 남성을 제외하면 기본적으로 여성에 한정됐다. 화장의 기본색은 이전 시대와 마찬가지로 백분의 하양, 입술연지와 볼연지의 빨강 그리고 오하구로와 눈썹 화장의 검정 세 가지였다.

세 가지 색 중에서 다른 나라에서는 볼 수 없는 독자적 의미를 가진 것은 검정이다. '검은 화장'은 결혼과 출산 같은 통과의례와 깊이 결부되어 에도 시대 중반에는 여성의 사회적 위치를 가시화하는 기능을 하게 된다. 예를 들면 서민 여성의 경우 치아가 희고 눈썹이 있으면 미혼, 오하구로 화장을 하면 기혼, 눈썹을 밀면 자식이 있는 사람이었다. 이처럼 검은 화장을 하면 누구

그림 9. 오하구로 화장에 눈썹을 민, 젖 먹이는 여성.
기타가와 우타마로喜多川歌麿의 우키요에 〈도세후조쿠쓰 뇨보후當世風俗通 女房風〉,
구몬 교육연구회公文教育研究會 소장

라도 그 여성이 어떠한 위치에 있는지 어느 정도 알 수 있었다(그림 9).

　에도 시대는 신분 질서를 중시하는 봉건사회여서 의식주 전반에 걸쳐 신분에 걸맞은 행위가 요구됐다. 화장도 신분이나 계급, 미혼과 기혼의 구별을 나타내는 관습으로 사회 체제에 적용됐다. 거꾸로 자유로운 화장은 사회질서를 혼란케 하는 행위여서 허용되지 않았다. 에도 시대를 통틀어 하양, 빨강, 검정의 세 가지 색을 이용하는 색 구성과 화장의 대체적인 틀은 유행에 따라 다소의 변화는 있었지만 기본이 변하는 일은 없었다.

옅은 화장을 강조한 교양서

하양, 빨간, 검은 화장에 대하여 구체적으로 논하기 전에, 에도 시대의 화장이 사회적으로 어떠한 의미였는지 좀 더 자세히 살펴보자. 단서가 되는 것은 에도 시대 전기에 나온 여성 대상의 교양서다. 대표적으로《여경비전서女鏡秘傳書》(1650),《여용훈몽도휘女用訓蒙圖彙》(1687),《여중보기女重寶記》(1692) 등이 있다. 여성이 배워야 할 지식과 예의범절, 기예 등을 기록한 이러한 교양서에는 화장 항목이 들어 있어 화장이 여성에게 필수불가결한 것이라고 사회적으로 인지됐음을 알 수 있다(그림 10).

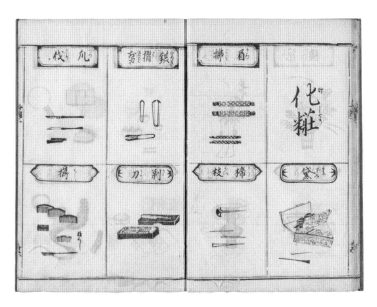

그림 10.《여용훈몽도휘》1권. 국립국회도서관國立國會圖書館 소장

　《여중보기》는 서민의 영향력이 커진 겐로쿠 시대에 교토에서
출판된 교양 있는 여성을 위한 생활백과사전류의 서적이다. 모
두 다섯 권으로 구성되는데, 1권의 제목은 〈조추女中 몸가짐 편〉
이다. 말투와 의복 선택 등을 비롯해 백분과 연지 사용법, 눈썹
화장, 가장자리 화장(이마가 시작되는 부분을 먹으로 정돈하는 화장), 오
하구로 화장 등의 화장법이 기술되어 있다. 여기서 '조추'란 일반
여성을 가리키는 것으로, 당시 화장은 여성이 습득해야 할 몸가

짐 중의 하나였음을 알 수 있다.

이 책은 백분 화장을 '여성이 따라야 할 정해진 법도'라 하여 여성으로 태어난 이상 하루라도 맨 얼굴로 있으면 안 된다고 했다. 다만 백분은 물론이고 볼연지와 입술연지도 옅게 바르는 게 기본이었다. 짙은 화장은 품위가 없다고 했다. 옅은 화장을 추천하는 것은 《여경비전서》와 《여용훈몽도휘》도 마찬가지였다. 여성 대상 교양서는 어디까지나 '화장은 몸가짐과 예의의 하나'이기에 백분과 연지로 짙게 화장하는 것은 금기시했다.

에도 시대 중기를 지나면 《여대학 보물함女大學寶箱》(1716) 등 '여대학'이라 불리는 일군의 교훈서가 데라코야寺子屋 26에서 서민 여성의 도덕 교육에 널리 사용됐다. 여대학은 유교 사상을 봉건사회 일본에 적용해 남성에게 종속된 존재로 여성의 삶을 설명했다. 순종적이고, 정절을 지키며, 집안일 잘하고, 시집가서는 남편과 시집에 몸을 바치는 것이 여성의 마땅한 자세라고 가르쳤다. 이러한 책의 바탕이 된 것은 유학자 가이바라 에키켄貝原益軒이 저술한 《화속동자훈和俗童子訓》(1710)의 〈여성을 가르치는 법〉이다.

〈여성을 가르치는 법〉은 "여성은 용모보다 마음가짐이 뛰어나야 좋은 것이다"라고 하여 용모보다 마음가짐이 중요하다고 말했다. 그리고 여성이 시집갈 때 부모가 가르쳐야 할 것으로는

"몸과 의복을 더럽히지 않고 청결히 하는 게 좋다. 의복과 장신구는 정갈한 편이 좋으며 다른 사람의 눈에 띄는 정도는 좋지 않다"라고 청결을 중시하는 한편, 화려하고 눈에 띄는 의복과 장신구를 금했다.

〈여성을 가르치는 법〉에 화장을 직접 언급한 부분은 없는데, 의복 등을 눈에 띄지 않게 입을 것을 강조하는 논조로 보면 화려한 화장은 논의할 가치조차 없었던 것으로 보인다.

에도 시대를 통틀어 백분과 연지 화장을 진하게 하면 비판의 대상은 됐어도 화장 그 자체가 부정되는 일은 없었다. 옅은 화장이라면 문제가 없었고, 오히려 화장을 해야 한다는 사고가 널리 퍼져 있었다. 이 점은 기독교의 지배력이 강했던 중세(5~15세기)부터 17세기경까지 유럽에서는 화장이 허영죄로 간주되어 '신앙심이 두터운 기독교도는 화장을 해서는 안 된다'고 원칙적으로 부정했던 것과는 대조적이다.

에도 시대의 미용 독본

화장이 몸가짐이고 예의였음은 틀림없지만, 그렇다고 해서 여성이 아름다워지는 일에 관심이 없었던 것은 아니다. 에도 시대에도 옷의 문양과 허리띠 묶는 법, 머리에 쓰는 것, 머리 모양, 머리 장식 등 패션 전반에 유행이 있었다. 화장도 패션의 일부이고, 멋의 중요한 요소였다.

1813년 출판된 에도 시대를 대표하는 미용서《도시 풍속 화장전都風俗化粧傳》을 살펴보자. 교토에서 출판된 이 책은 교토·오사카·에도 세 도시에서 판매되어 다이쇼大正 시대(1912~1926)까지 100년이 넘는 긴 시간 동안 팔린 스테디셀러다. 화장化粧은 일본어로 '게쇼'라고 하지만, '게와이'라고도 한다. 이 책에서는 '게와이'라고 읽는다. 게와이는 게쇼보다 넓은 의미를 가지는데, 여기서는 전신 치장의 의미로 사용됐다.

그 내용은 다양하다. 얼굴과 몸에 쓰는 약과 화장품 처방, 화장 방법, 머리 모양별 화장법, 아름답게 보이는 행동거지, 허리띠 묶는 법, 머리 장식의 종류 등이 삽화와 더불어 해설돼 있다. 종합 미용 독본이라 할 만하다. 상, 중, 하 세 권 가운데 중권에 〈화장편〉이 있는데, 그 머리말에 화장의 목적을 다음과 같이 설명했다.

부인이 연지와 백분을 바르는 것은 교사풍류驕奢風流를 위해서가 아니다. 용모를 단정히 하고, 얼굴의 무뚝뚝함을 감추고, 애교를 더하기 위해서다. 시집에서는 시부모와 남편에 대한 예의로 반드시 아침에는 일찍 일어나 뜨거운 물로 흐트러진 머리를 바로하고 연지와 백분을 발라 다른 이에게 흐트러진 머리와 잠에서 덜 깬 불쾌한 얼굴을 보이지 말아야 한다.

여기서 화장은 예의였다. 시집온 여성이 지켜야 할 예의는 집 안사람이 일어나기 전에 화장을 끝내고 맨얼굴을 보이지 않는 것이었다. 그 뿌리는 중국의 유교 경전《예기禮記》의 가르침에서 찾을 수 있다.

화장을 예의로 보는 것은 여성 대상의 교양서도 마찬가지였고,《도시 풍속 화장전》도 원칙적으로는 예의로서의 화장을 환기했다. 그러면서도 "이 책대로 하면 만약 못생겼더라도 즉시 미인이 될 수 있다"라거나 "서시나 양귀비에게 뒤지지 않는 미인이 된다"라고 하는 등 교훈서에는 나오지 않는, 여성의 멋 내고 싶은 마음을 자극하는 기록을 남겼다.

내용도 백분과 오하구로 화장법, 눈썹 그리는 법 등 화장의 기본부터 얼굴의 결점을 보완하는 방법과 요즘말로 하면 미백 스킨케어 화장품 처방, 심지어 당시 유행하던 입술연지 바르는 법까지 다양하게 다루었다. 이렇듯《도시 풍속 화장전》이《여대학》과 달리 어떻게 하면 좀 더 아름다워질 수 있는지 구체적으로 보여주었기에 100년이 넘는 오랜 세월 동안 계속해서 팔릴 수 있었을 것이다. 명분은 명분일 뿐이고, 여성은 마음속으로 어떻게 하면 좀 더 아름답게 치장할 수 있을지 골똘히 생각해온 모양이다.

《도시 풍속 화장전》의 구체적 내용을 하양, 빨강, 검정의 순서로 살펴보자.

아름다운 피부에 대한
동경,
하얀 화장

백분의 원료

에도 시대의 대표적 백분이라 하면 수은을 원료로 한 경분輕粉
과 납이 원료인 연분鉛粉이 있다. 수은 산지로 유명했던 곳은 이
세노쿠니伊勢の國(현재의 미에현三重縣)다. 이세노쿠니의 니우丹生
광산에서 산출된 진사辰砂(유화수은이 포함된 광물)에서 추출한 수
은을 사용해 가까운 이자와射澤에서 백분 제조가 시작된 것은
무로마치 시대 중기인 1453년경이다.

백분의 원료는 소량의 수은과 식염, 흙, 물을 반죽해서 경단
모양으로 빚은 것이다. 이것을 무쇠 솥에 넣어 약 600도로 네 시
간 정도 가열하면 화학반응이 일어나 염화제일수은이 증발해 하
얀 가루 형태로 솥뚜껑 아랫면에 붙는다. 이것을 깃털 비로 쓸어
담아 백분으로 썼다.

여기서 제조된 경분은 '이세 경분'이라는 이름으로 알려졌다. 이세 경분은 이세 참배[27]의 기념품이 됐다. 또 이세 신궁의 온 시御師가 전국의 단가檀家를 돌아볼 때[28] 신궁의 예물과 더불어 백분을 선물로 나누어주었기 때문에 전국 각지에 그 이름이 퍼졌다.

하지만 니우 광맥은 17세기 중엽 바닥이 나서 원료인 수은을 중국에서 수입해야 했다. 전성기에는 83곳이나 있던 경분 제조 업소는 1764년 16곳으로 줄었고, 가격이 싼 연백분이 그 자리를 대신했다. 그래도 궁궐 안의 신분이 높은 여성은 수은 백분을 사용했다.

백분으로 쓰이는 수요는 줄었지만, 경분은 전국에 만연하던 매독에 특효약으로, 또는 이 잡는 약, 낙태약 등 새로운 수요를 약 분야에서 개척하여 계속 사용됐다.

또 하나의 백분인 납백분은 《일본서기》에 따르면 7세기 말 일본에서 제조되기 시작했다. 하지만 본격적으로 대량생산이 시작된 것은 게이초慶長 연간(1596~1615)이다. 남만무역南蠻貿易[29]과 더불어 전래한 명나라의 제조법을 받아들여 센슈泉州(현재 오사카부大阪府)와 사카이堺 지역에서 제조가 활발했다. 얇은 판 형태의 납을 식초에 쪄서 부식한 다음, 표면에 생긴 백분을 긁어내 물로 씻거나 여과한 후 덩어리로 만들어 건조하면 얻을 수 있었다.

납백분은 잘 퍼지며 사용감이 좋고 가격이 싸다는 장점도 있어 수은 백분을 대신해 보급됐다. 그래서 일반적으로 에도 시대에 잘 쓰였다는 백분이라고 하면 납백분을 가리킨다. 《도시 풍속 화장전》에 따르면 순정 납백분은 입자 굵기에 따라 '생백분生白粉', '무대향舞臺香(가부키 배우가 사용하는 백분)', '가라노쓰치唐の土'의 세 단계로 구분됐고, 가장 질이 떨어지는 가라노쓰치는 그다지 비싸지 않았다. 순정품 외에 분꽃 씨앗 속에 들어 있는 새하얀 배유를 가루로 만들어 납백분에 섞어 양을 늘린 혼합 백분도 있었다.

백분 화장의 농담

17세기 중엽 출판된 《여경비전서》에는 "백분을 바른 후 백분 가루가 조금이라도 남아 있으면 보기가 싫다. 잘 펴서 바른 후에는 닦아내도 된다"라는 내용이 나온다. 일단 바른 백분을 닦아내 옅어 보이게 하는 것이 좋다는 것이다. 이처럼 에도 전기의 백분 화장은 옅게 하는 것이 좋은 것으로 생각됐다.

그러나 화장이 널리 퍼지자 신분과 직업, 연령, 결혼 여부 그리고 유행 등에 따라 백분과 연지의 농담濃淡에 차이가 나타나게 됐다. 에도 시대의 화장 경향을 대략 살펴보면, 일반적으로 궁궐 시녀나 유녀는 서민보다 백분과 연지 화장이 진했고, 연령으로 보면 젊은 여성이 나이 든 여성과 미망인보다 진했다. 지역별로는 멋을 따지던 에도가 옅은 화장이었음에 반해, 교토나 오사카 등은 짙었다. 혹자는 교토나 오사카에서는 궁궐 여성의 짙은 화장에 영향을 받아 일반 여성의 화장도 짙어졌다고 말한다.

화장은 몸가짐이면서 동시에 패션의 일부로, 시대에 따라 유행이 있었다. 한편 에도 시대에는 몸치장 전반이 막부가 내린 사치금지령에 좌우되기도 하여 3대 개혁 중 교호享保 개혁과 덴포天保 개혁 후에는 화장이 옅어졌다.[30]

《안자이 수필安齋隨筆》에 따르면 교호 연간(1716~1736)에는 에도에서도 백분을 바른 후 연지와 백분을 섞은 옅은 볼연지를 하는 화장이 유행했다. 그러나 이어지는 겐분元文 연간(1736~1741)에는 귀천을 막론하고 볼연지 대신 백분만 옅게 바르든지, 백분조차 바르지 않는 화장으로 변했다. 그것은 유녀의 화장이 바뀌었기 때문이다.

교호 개혁으로 속옷 사치를 경계하고 고소데小袖[31]에 쓰이는 금실과 은실을 제한하는 등의 사치금지령이 내려졌다. 절약과 검소를 강제하는 막부의 압박이 유녀의 화장을 옅게 했고, 그것을 모방하던 서민의 화장도 옅어지게 된 것이다.

마찬가지로 풍기문란을 엄하게 단속한 덴포 개혁 후에도 옅은 화장이 유행했다. 에도, 교토, 오사카의 풍속을 비교해 고증한 《모리사다만코守貞謾稿》에 따르면 분카 연간(1804~1818)에는 에도의 여성도 백분과 입술연지를 짙게 발랐다. 하지만 그 유행도 이 책이 쓰인 1837년부터 1853년경 사이에는 바뀌었는데, 에도에 짙은 백분 화장을 한 사람이 없지는 않았지만 일반적으로 일상적인 날에는 맨얼굴인 사람이 많았고, 외출할 때도 화장이 옅었다.

저자인 기타가와 모리사다喜田川守貞는 덴포 개혁의 영향으로 남의 눈에 띄는 것을 싫어하게 되어 백분을 그다지 쓰지 않는 옅은 화장이 됐다고 서술했다. 그런데 같은 시기에 에도보다는 교토나 오사카 쪽이 화장이 짙었다고 기록돼 있는데, 에도와 교토, 오사카의 화장 차이는 막부 말기가 되어도 달라지지 않았던 모양이다.

하얀 피부는 결점을 가려준다

그렇다면 에도 시대의 백분 화장이란 어떠한 것이었을까?《도시 풍속 화장전》에 나오는 화장 과정을 요약해보자. 백분 화장을 하기 위해서는 정성껏 푼 백분을 이마부터 양볼, 코, 입 주변,

그림 11. 윗옷을 모두 벗어 상반신을 드러낸 채 백분을 바르는 모습.
《도시 풍속 화장전》, 폴라 문화연구소ポーラ文化研究所 도판 제공

귀, 목덜미 순으로 피부에 올려놓고 손으로 펴는 일을 반복한
다. 그다음 솔에 물을 묻혀서 바른 백분을 꼼꼼히 펼친다. 그리
고 얼굴에 전통 종이를 대고 적신 솔로 위에서 아래로 몇 번이
고 쓸어내려 백분을 제대로 피부에 안착시킨다. 그 후 마른 솔
로 백분을 고르게 편다. 마지막으로 적신 수건으로 눈꺼풀 위와
눈꼬리를 문질러 백분을 옅게 해서 짙은 화장으로 보이지 않게
한다(그림 11).

현대인의 눈으로 보면 분명히 수고스럽고 시간도 걸리는 화

장법이다. 그런데 왜 그렇게까지 백분 화장에 정성을 들였을까? 에도 시대에는 하얀 피부가 미인의 조건이었기 때문이다. 이는 《도시 풍속 화장전》에도 확실히 기록돼 있다.

사람 가운데 태어나면서부터 32상三十二相을 갖춘 미인은 극히 드물다. 화장 방법, 얼굴 꾸미기에 따라 좀 더 나은 미인이 될 수는 있다. 그중에서도 색깔이 하야면 결점을 가려준다고 옛말에도 나온다.

32상이란 부처의 몸이 갖춘 서른두 가지 특징을 말하지만, 여기서는 여성의 용모가 갖춰야 할 일체의 아름다움으로 의미가 바뀌었다. 미인의 조건 가운데 색이 하얀 것이 제일이며, 색이 하얗다면 다소 결점이 있어도 그 결점이 가려진다고 했다. 이렇게 하얀 피부가 무엇보다도 중요하게 여겨졌으니 여성은 백분 바르는 방법에 많은 신경을 쓸 수밖에 없었다.

이 책에서 몇 번이고 반복되는 미의식은 하얗고 투명한 얼굴색과 백옥(진주)같이 매끄럽고 윤기 있는 피부 지향이다. 서양인이 눈과 입 같은 부분 화장을 중시한 반면, 일본 여성은 지금도 '미백 지향', '아름다운 피부 지향'이 강해 파운데이션을 사용한 기초화장과 스킨케어에 정성을 들인다. 그것은 전통적으로 하얀 피부의 아름다움을 중시하여 백분 화장에 신경을 써온 미의식의 잔향이라 할 수 있다.

에도의 미백 스킨케어

하얀 피부를 향한 집착은 백분 화장에만 한정된 것이 아니었다. 《도시 풍속 화장전》 상권 〈안면부顔面部〉에는 '피부색을 하얗게 하는 약 편', '피부를 하얗게 하고 광택을 내는 약 편', '피부를 하얗게 하고 피부를 매끄럽게 하여 미인으로 만드는 편' 등이 있는데, 여기에 오늘날의 미백 스킨케어에 해당하는 처방이 수록돼 있다.

피부를 하얗게 하기 위한 처방은 한약 재료와 안료 몇 종류를 섞어서 만드는 것에서 서민이 손쉽게 구할 수 있는 재료로 만드는 간단한 것까지 다양했다. 예를 들어 동과冬瓜를 술에 넣어 바짝 조린 후 천으로 짜서 찌꺼기를 거른 후 밤에 잘 때 얼굴에 바르고 다음 날 아침 씻어내는 처방은 서민이라도 할 수 있는 가정용 얼굴 미백 방법이었다.

에도 시대에는 보통 세안제로 겨를 주머니에 담아 사용하거나 팥가루를 썼다. 이와 달리 《도시 풍속 화장전》에는 팥, 활석, 백단白檀 등을 섞은 세안제가 피부를 하얗게 하는 약으로 소개됐다. 백분을 바를 뿐 아니라 세안제로도 사용해 아예 피부를 하얗게 만들려는 스킨케어적 인식이 깔려 있었던 것이다.

에도 시대의 실상을 고려하면 이상적이라고 생각된 매끄럽고 하얀 피부를 지키는 일은 매우 험난했다. 에도 시대에는 '포창疱 瘡(천연두)이 외모를 정한다'는 말이 떠돌았듯이 유행병인 천연두에 걸리면 생명은 구하더라도 얼굴에 마맛자국이 남았기 때문이다. 그뿐 아니라 현대에 비하면 의료 기술이 많이 떨어졌으므로 매독에 의한 부스럼이나 피부병으로 고민하는 여성도 많았다. 무엇보다 하얀 피부를 원해서 사용한 납백분은 독성을 가지고 있어 계속 사용하면 만성중독을 일으켜 빈혈로 안색이 나빠지기도 했다.

《도시 풍속 화장전》에는 여드름이나 주근깨를 치료하는 약부터 얼굴에 생긴 부스럼이나 천연두로 인한 마맛자국을 낫게 하는 약, 얼굴이나 머리에 생긴 피부병 약 처방도 실려 있다. 뒤집어 생각하면 그러한 피부 문제가 많았다는 이야기다. 에도 시대 여성에게 매끄럽고 윤기 나는 하얀 피부를 유지한다는 것은 지금보다 훨씬 어려웠음이 틀림없다.

수정 화장으로 보는 얼굴의 미의식

《도시 풍속 화장전》에서 피부색을 하얗게 하는 방법 다음으로 소개되는 것이 얼굴 수정법이다. 피부가 희어도 얼굴에 결점이 있는 사람을 위해 화장으로 수정하는 비법이 삽화와 함께 실려 있다. 수정해야 할 결점이란 낮은 코, 처진 눈, 치켜 올라간 눈, 너무 큰 눈, 가는 눈, 눈썹과의 간격이 좁은 눈, 큰 입, 너무 작은 입, 두꺼운 입술 그리고 둥근 얼굴이었다. 결론적으로 이에 해당하는 여성은 미인이 아니었다.

에도 시대의 미의식으로는 콧날이 오뚝해야 미인이기에 콧대가 선 것이 아름다움의 조건이었다.《도시 풍속 화장전》에도 "코는 얼굴 중앙에 있어 가장 먼저 이목을 끌기 때문에 콧대가 선 것이 좋다"라고 나온다. 따라서 낮은 코를 높게 보이기 위해서 콧대에 백분을 짙게 바르는 수정 화장을 했다. 농담을 조절함으로써 콧대만을 좀 더 하얗고 도드라지게 하여 코를 오뚝하게 보이는 하이라이트 효과를 노린 화장이었다.

한편 처진 눈이나 치켜 올라간 눈 등의 수정도 에도 시대는 백분과 연지로 해냈다. 예를 들어 처진 눈은 눈꼬리가 올라가게 눈썹을 그리고, 눈꺼풀의 눈꼬리 쪽에 엷은 연지를 아이섀도처럼 발랐다. 치켜 올라간 눈은 반대로 아래 눈꺼풀의 눈꼬리 쪽에 연지를 연하게 발랐다. 여기까지는 현대 여성의 결점 보완 메이크업과도 공통된다(그림 12).

하지만 눈 화장에서 현대의 미의식과 결정적으로 차이 나는 부분이 있는데, 그것은 '커다란 눈을 가늘게 보이는 방법'이 있었다는 점이다.《도시 풍속 화장전》에는 "눈은 얼굴 윗부분에 있어 얼굴을 멎져 보이게 하는 데 으뜸이라 늠름하고 강한 것이 좋다. 하지만 너무 크면 흉하다"라고 했

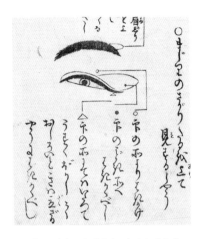

그림 12. 처진 눈 수정법.《도시 풍속 화장전》, 폴라 문화연구소 도판 제공

다. 눈이 너무 크면 보기 싫다고 생각했던 모양이다. 그리하여 '메하치분目八分'이라는 독특한 방법을 소개한다. 서 있을 때는 발끝보다 약 한 간間(1.8미터) 앞을, 앉아 있을 때는 무릎에서 반 간 앞을 내려다보면 눈꺼풀이 내려가 눈이 작아 보이니 이것을 습관으로 만들라는 것이다.

앞장에서 거론한 루이스 프로이스도 "유럽인은 커다란 눈을 아름답다고 생각한다" 하지만 "일본인은 그것을 오싹한 것으로 생각하고, 눈물이 나오는 부분이 닫혀 있는 것을 아름답다고 한다"라고 서구와 일본의 차이를 지적했다. 이러한 미의식은 에도

시대에도 계속됐다. 1775년 일본에 온 스웨덴 학자 칼 페테르 툰베리Carl Peter Thunberg의 《에도 참부 수행기江戶參府隨行記》에 따르면 일본에 온 유럽인이 가는 곳마다 어른과 아이가 많이 모여들었고, 그들의 둥글고 큰 눈을 가리키며 "오란다 큰 눈"[32]이라고 외쳤다.

일반적으로 일본인은 눈시울에 몽골로이드 특유의 몽고주름이 덮여 있는 사람이 많아 우키요에浮世繪[33]와 같은 회화에서도 미인은 가늘고 긴 눈으로 그려졌다. 몽고주름이 없는 서양인의 눈은 에도 시대 사람에게 귀신 형상의 노 가면처럼 크게 떠져서 무섭게 보였을지 모른다. 그렇다면 《도시 풍속 화장전》에 나오는 '너무 큰 눈'이란 서양인처럼 큰 눈을 가리켰던 것이 아닐까. 반대로 현대 일본에서는 서구인과 같은 눈을 매력 있다고 생각해 여성은 화장으로 어떻게 하면 눈을 크게 보일지 고심한다. 이는 현대 일본인의 눈에 대한 미의식이 서양 문화가 유입된 근대 이후 조성됐음을 보여준다.

화장품산업의 발달

이제 백분을 예로 들어 에도 시대의 화장품산업과 그 대표적 상품, 선전 등으로 눈을 돌려보자. 백분과 연지 등의 화장품이 안정적으로 시장에 공급되어 서민의 손에 닿게 된 것은 상공업이 발달해 도매상에 의한 상품 유통 체계가 정비된 겐로쿠(1688~1704) 시기 즈음으로 생각된다.

1692년(겐로쿠 5) 간행된《요로즈카이모노초호키萬買物調方記》는 교토, 오사카, 에도의 명물을 소개한 책으로, 이에 따르면 백분 가게는 교토에 18개소, 오사카에 12개소가 있었다. 이에 비해 에도에는 고작 3개소밖에 없었고, 머릿기름과 향목香木을 파는 가게를 더해도 11개소에 지나지 않았다. 오사카는 경제 도시로 '천하의 부엌'이라 불렸고, 교토는 염직물 등 공예 분야에서 높은 기술력을 가진 도시였다. 겐로쿠 시대의 경제와 문화 중심은 오사카·교토였고, 화장 문화도 오사카·교토가 에도보다 발달했던 것으로 보인다.

겐로쿠 문화를 대표하는 오사카의 작가 이하라 사이카쿠井原西鶴의《호색일대남好色一代男》(1682)과《호색오인녀好色五人女》(1686) 같은 작품에는 백분과 연지를 바르고, 치아를 검게 물들이고, 눈썹을 그리는 풍습이 묘사되어 있는데, 이로 미루어 오사카와 교토에서는 화장이 서민의 삶에 뿌리를 내렸음을 알 수 있다.

그 후 풍요해진 에도의 서민을 중심으로 화장이 서서히 퍼졌다. 19세기 전반 서민의 생활을 묘사한 센류川柳[34] 문집《하이후야나기다루誹風柳多留》를 보면 백분과 연지 화장, 오하구로 화장, 눈썹 밀기 등 화장과 관련된 시구詩句가 다수 등장한다. 이즈음에는 에도 서민에게도 화장이 일상적인 일이 된 것이다.

1824년 발행된 에도의 쇼핑 안내 책자인《에도 물건 사기 홀로 안내江戸買物独案内》에는 '백분 연지 도매상', '연지 가게', '백분 가게', '머릿기름 가게' 등 50개소 이상의 가게가 광고를 실었다. 단순히 이것만 겐로쿠 시대와 비교해도 가게가 대폭 늘었다고 볼 수 있다. 그런데 책에 실리지 않은 가게도 많았고 떠도는 방물장사도 화장품을 취급했기에 실제로는 훨씬 더 많은 화장품 가게와 화장품 판매업자가 있었다고 추측된다.

분세이 연간(1818~1831)에는 가장 큰 소비지가 된 에도의 왕성한 수요에 대응하기 위해 에도를 기반으로 한 화장품산업이 발달했다. 한편《에도 물건 사기 홀로 안내》에는 교토 화장품 가게의 에도 지점과 교토에서 만들어진 연지와 백분을 파는 가게도 다수 나오기 때문에 교토 브랜드가 에도에서 여전히 인기였음을 알 수 있다.

화장품 가게의 증가는 상품 간의 경쟁을 낳았다. 에도 시대 후기에는 그 경쟁에서 지지 않기 위해 선전에 힘을 기울이는 가게가 나타났다.

가부키 배우의 기름 가게

화장품 판매와 선전에 큰 역할을 한 것은 가부키 배우다. 에도 시대의 의복과 화장, 머리 모양 등 유행의 발신지는 주로 가부키 무대와 유곽이었다. 화려한 의상을 둘러 사람들의 주목을 받았고 스스로도 눈에 띄기 위해 창의적 고안을 줄곧 했던 가부키 배우와 유녀가 패션을 주도한 셈이다.

특히 가부키는 겐로쿠 시대에 들어서자 여성에게 가장 큰 즐거움이 됐고, 수많은 유행을 만들어냈다. 1692년(겐로쿠 5) 출간된 《여중보기》에는 중류층 이하 여성이 가부키 온나가타女形[35]로부터 옷 모양과 허리띠 묶는 법 등 유행하는 패션을 배웠다고 기록돼 있다. 가부키에서 유행하는 것은 무대를 본 사람에 의해 소문으로 퍼지거나 가부키 배우를 그린 우키요에 또는 출판물 등을 통해 세간에 널리 알려졌다.

가부키 배우는 직업상 백분과 연지 화장을 빼놓을 수 없기에 부업으로 화장품 선전과 판매에 관계하는 일이 많았다. 가부키 배우 중 처음으로 화장품 가게를 경영한 이는 엔포延寶 연간(1673~1681)에 온나가타로 이름을 알린 가미무라 기치야上村吉彌라고 한다. 배우로 활약하면서 기치야 묶기라는 허리띠 묶는 법과 기치야 모자, 기치야 우산을 유행시킨 그는 엔포 시대 말기에

은퇴한 후 교토 시조도리四条通り 다카세高瀨 강 다릿목에 백분 가게를 열고 자기 이름을 붙인 '기치야 백분'을 판매했다.

또 에도에서 최초로 가게를 연 사람은 교토와 오사카에서 와 카슈가타若衆方³⁶로 활약하다가 1688년(겐로쿠 1) 에도 나카무라 자中村座³⁷에서 온나가타로 전환한 나카무라 가즈마中村數馬였 다. 그는 은퇴 후 니혼바시日本橋 기타무로초北室町에서 '간하쓰 코冠髮香'라는 기름 가게를 열었다. 기름 가게란 침향유沈香油와 연지, 백분을 취급하는 화장품점이었다.

가부키 배우가 경영하는 화장품점은 에도 후기 호레키寶暦 연 간(1751~1764)부터 늘어났다. 1774년 출간된《배우 전서役者全 書》에 따르면 당시 에도에는 9대 이치무라 우자에몬市村羽左衛門, 5대 이치카와 단주로市川團十郎, 초대 오노에 기쿠고로尾上菊五 郎, 2대 세가와 기쿠노조瀬川菊之丞 등 배우가 경영하는 기름 가 게가 열세 곳 있었다. 그 밖에 나카무라 가즈마의 가게처럼 이전 시대의 가부키 배우가 세웠던 기름 가게도 여전히 번창했다. 가 부키 배우의 기름 가게는 요즘 연예인이 경영하는 가게의 선구 라 할 수 있다.

센류 문집《하이후야나기다루》에는 "기름 가게에 때때로 나 와 번창시키네"라는 구절이 나온다. 당시 여성에게 인기 있는 가 부키 배우는 오늘날 소녀들이 동경하는 스타나 마찬가지였다.

배우가 때때로 가게에 얼굴을 내밀면 그 배우를 보려고 여성 팬이 밀려들어 가게가 번창했던 것이다. 그런데 온나가타나 주연 배우가 아닌 악역에게는 그렇지가 않았다. 그래서 《하이후야나 기다루》에는 이들이 기름 가게 내는 것을 단호히 포기한다는 의미로 "악역은 기름 가게 따윈 체념해야지"라는 구절도 나온다.

백분이 벗겨지지 않는 약 '에도의 물'

에도 시대에는 목판 인쇄에 의한 종이 미디어가 화장품 선전에 널리 활용됐다. 18세기 후반 목판 인쇄 기술의 발달로 니시키에 錦繪[38]라고 하는 다색의 우키요에가 제작되어 출판이 활발해졌다. 출판문화는 19세기 에도에서 최전성기를 맞았고, 삽화가 들어간 흥미 본위의 '구사조시草双紙'나 '요미혼讀本'이라 불리는 소설이 서민층에서 큰 인기를 끌었다. 대표적으로 산토 교덴山東京傳의 《충신 수호전忠臣水滸傳》, 시키테이 산바式亭三馬의 《우키요부로浮世風呂》와 《우키요도코浮世床》, 짓펜샤 잇쿠十返舍一九의 《도카이도추 히자쿠리게東海道中膝栗毛》, 교쿠테이 바킨曲亭馬琴의 《난소사토미 핫켄덴南總里見八犬傳》, 다메나가 슌스이爲永春水의 《춘색 매화 달력春色梅兒譽美》 등이 있다.

책은 출판 도매상에서 판매도 하고 대여도 했는데, 행상으로 책을 대여해주는 서점이 단골집을 돌며 장사를 하기도 했다. 에도의 대여서점조합에 소속된 서점 수만 봐도 1808년 600개 이상이었다. 이 정도로 책이 읽힐 수 있었던 이유는 서민층까지도 남녀 가리지 않고 데라코야에서 '읽기, 쓰기, 주산'을 배워 글을 아는 사람이 많았기 때문이다.

출판문화의 융성과 더불어 소설과 니시키에, 전단지 등을 매체로 한 선전 활동도 활발해졌다. 종이 미디어를 잘 이용한 선전으로 유명한 것은 '에도의 물江戸の水'이다. 에도의 물이란 백분 기초화장에 사용하는 화장수로, 판매한 이는《우키요부로》와《우키요도코》등으로 유명한 희작자戲作者 시키테이 산바다.

희작자란 읽을거리를 쓰는 작가를 말한다. 에도 시대에는 오늘날과 같은 인세제도가 없어 글쓰기만으로는 먹고살기 힘든 작가가 많았는데, 그런 사람은 보통 부업을 가졌다. 시키테이 산바는 시키테이 세이호式亭正鋪라는 약국을 경영했는데, 1811년 2월 '백분이 벗겨지지 않는 약'이라는 선전 문구를 내걸고 에도의 물을 판매했다. 두 달 후인 4월에는 '백분이 잘 발라지는 약'이라고 문구를 바꾸어 사절지 크기의 전단지를 뿌리기도 했다.

장사에 감각이 있었던 시키테이 산바는 에도의 물을 팔기 위해 자신의 작품을 이용했다.《우키요부로》에는 여탕에 온 손님에게 "우리 딸도 에도의 물이 좋다고 해서 화장할 때 발랐거든요. 정말 그렇더군요. 얼굴에 나는 것도 나았고, 백분도 잘 발라졌어요"라고 말하는 내용이 나온다. 그뿐 아니라 산바는 자신이 운영하는 가게의 이름부터 가게 위치, 상품 효능까지 모두 작품 속에 집어넣어 선전했다. 이 방법은 대성공을 거두어 에도의 물은 큰 화젯거리가 됐다. 그는 자신의 일기 《시키테이 잡기式亭雜記》에 에도의 물이 생각지도 않게 유행했다고 감상을 남겼다.

미염 선녀향

에도의 물보다 한 수 위는 에도 교바시京橋 미나미텐마초南傳馬町 3번지에 있었던 사카모토야阪本屋에서 판매한 '미염 선녀향美艷仙女香'이라는 백분이었다. 미염 선녀향 광고는 우키요에와 구사조시, 가부키 배우의 대사 등 여러 매체를 이용했는데, 오늘날 광고에 뒤지지 않는 미디어 믹스media mix 형태로 전개됐다.

이 백분은 앞서 소개한 《에도 물건 사기 홀로 안내》에 "얼굴의 묘약 미염 선녀향"이라는 선전문구로 게재됐다. 여기서 '선녀'는 안에이安永 연간부터 분카 연간까지(1772~1818) 활약한 미모의 온나가타인 세가와 기쿠노조瀨川菊之丞의 호號다. 그러니까 미염 선녀향은 이름에서부터 인기 가부키 배우를 따라한 상품이었다.

사카모토야는 출판업자와 화가, 희작자의 협력을 받아 미염 선녀향이라는 상품명, 가게 주소, 효과와 효능 등을 출판물과 니시키에에 자주 노출했다. 예를 들면 여성에게 인기 있었던 다메나가 슌스이의 연애 소설《춘색 매화 달력》에는 "가루비누로 깨끗하게 씻은 얼굴에 선녀향을 옅게 바른 화장은 더욱 깊이가 있다"라는 내용이 나오는데, 이처럼 작품 속에 상품명을 넣어 효과가 좋음을 호소했다.

우타가와 구니사다歌川國貞와 게이사이 에이센溪齋英泉이 그린 우키요에 미인화에는 미염 선녀향이라는 상품명이 들어간 백분 포장이 자연스럽게 배치되거나 백분 포장을 손에 든 자세가 그려지기도 했다(그림 13). 서민에게 인기 있는 이치가와 단주로市川團十郎와 세가와 기쿠노조 같은 가부키 배우의 우키요에에도 인기 스타가 추천하는 백분인 것처럼 미염 선녀향을 손에 든 도안이 그려졌다. 그리고 실제 공연에서 가부키 배우의 대사에 '선녀향'이 들어가는 일도 있었다.

화장은 외모에 호소하는 만큼 인기 배우나 미인을 그린 우키요에가 상품명을 알리는 데 공헌했음은 틀림없다. 심지어 미염 선녀향 광고가 너무 많다 하여《하이후야나기다루》에서는 "어디

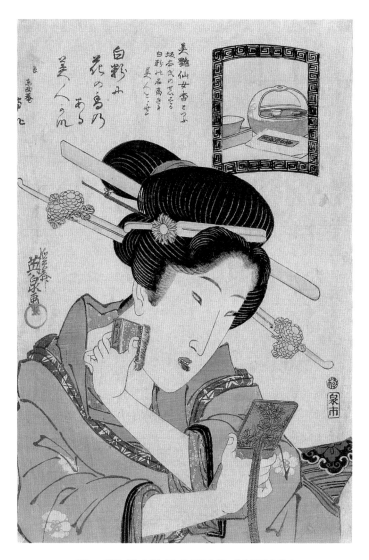

그림 13. 위쪽 가운데에 '미염 선녀향'이라는 선전 문구가 있고,
오른쪽 위에 걸린 그림 속에 백분 포장이 그려져 있다. 여성의 아랫입술은 녹색인데,
당시 유행하던 사사이로베니笹色紅를 바른 것이다. 게이사이 에이센,
〈미염 선녀향 백분〉, 홋카이도 도립근대미술관北海道立近代美術館 소장

라도 얼굴을 자주 내미는 선녀향", "선녀향, 마구 얼굴을 내미네"
등으로 풍자하기도 했다.

　그렇지만 에도 후기에 이러한 선전 전략이 고안됐다는 사실
은 상점끼리 판매 경쟁이 극심했음을 알려주는 것이고, 그만큼
많은 화장품이 만들어졌음을 시사한다.

화사함을
더하는
빨강

잇꽃이 거쳐 온 길

화장에 사용하는 하양, 빨강, 검정 세 가지 색 중에서 얼굴에 화사함을 더하는 것은 빨강, 즉 빨간 연지다. 에도 시대의 빨간 화장에도 잇꽃에서 추출한 연지가 사용됐다. 잇꽃은 서아시아와 이집트가 원산지로, 일본에는 비단길을 경유해 대륙을 거쳐 들어왔다.

최근에는 2007년 나라현에 있는 3세기 중엽의 마키무쿠纏向 유적에서 잇꽃의 꽃가루가 대량으로 발견되어 화제가 됐다. 그때까지는 6세기 후반의 후지노키藤ノ木 고분 석관에서 발견된 꽃가루가 가장 오래된 것이었는데, 3세기 꽃가루의 발견으로 300년이나 빠른 시기에 잇꽃이 재배됐을 가능성이 높아졌다.

3세기 일본과 중국(위나라)의 교류는 〈위지왜인전〉에도 기록되어 있는데, 잇꽃은 염색 기술을 가진 위나라 사람과 더불어 일본에 전래됐을 것으로 생각된다. 잇꽃은 일본에서《만엽집》이 성립하던 시절부터 '스에쓰무하나未摘花', '구레나이吳禮奈爲' 등으로 일컬어졌고, 노래로도 불렸다. 헤이안 시대에는 이미 주고쿠中國에서 간토關東에 이르기까지[39] 광범위하게 재배되어 염료와 화장료로 사용됐다.

에도 시대가 되자 야마가타현山形縣 모가미最上강 유역이 일본 최대의 생산지가 됐고, 거기서 생산되는 잇꽃은 고품질로 알려졌다. 모가미 잇꽃을 중심으로 잇꽃에서 연지를 추출하는 과정을 살펴보자. 연지 원료는 잇꽃의 노란 화판, 즉 꽃잎이다. 잇꽃이 선명한 노란 꽃을 피우는 것은 7월이다. 이른 아침 이슬이 남아 있을 즈음 꽃잎을 따서 몇 단계의 공정을 거쳐 전병 모양의 덩어리로 가공한다. 이것을 연지떡이라고 하는데, 대부분 교토로 보내진다. 연지떡을 실은 배는 모가미강을 따라 내려가다가 하구의 사카다酒田부터는 바닷길로 들어가 쓰루가敦賀(후쿠이현)로 운송된다. 쓰루가에서 육로와 비와琵琶호를 경유해 교토에 도착하면 잇꽃 도매상을 통해 약국이나 연지 가게, 연지 염색 가게에 분배된다. 거기서 비로소 염료와 화장용 연지를 짜내는 것이다.

연지를 추출하기 위해서는 고도의 기술이 필요한데, 제조법은 각 가게의 비밀로 전해져 밖으로 알려지지 않았다. 고급 수공업으로 유명한 교토에서 제조된 화장용 연지는 '교토 연지京紅'라는 부가가치를 더해 에도를 비롯한 전국으로 판매됐다.

잇꽃에서 추출되는 적색 색소는 생화의 고작 1퍼센트 정도로 적다. 그 때문에 에도 시대에는 연지를 금과 같이 귀중하고 고가라는 의미로 '연지 한 돈, 금 한 돈'이라고 일컫기도 했다.

입술이 녹색으로 빛나는 사사이로베니

잇꽃에서 추출한 화장용 연지는 베니초쿠紅猪口라는 작은 도자기 찻잔 안쪽에 발라져 건조한 상태로 연지 도매상과 방물장사에게 팔려 나갔다(그림 14).

잇꽃 연지는 햇빛에 노출되면 퇴색하기 때문에 사용하지 않을 때는 베니초쿠를 엎어놓았다. 또 휴대용으로 여성의 소지품과 어울리게 칠기나 상아 세공으로 꾸며진 '베니이타紅板'라 불리는 작은 용기도 있었다.

연지를 사용할 때는 손가락이나 붓을 침 또는 물에 적셔서 베니초쿠의 연지를 묻힌 다음 입술 안쪽에 조금 바른다. 위아래 입술 모두 짙으면 품격이 떨어진다고 생각해 아랫입술은 진하게, 윗입술은 연하게 바르는 것이 기본이었다.

그림 14. 연지 가게 판매대. 베니초쿠가 진열되어 있다.
《용안미염고容顔美艶考》(1819), 폴라 문화연구소 도판 제공

여성용 교양서인《여용훈몽도휘》에는 "입술은 붉은 꽃잎에
비유되지만, 심하게 붉으면 천해 보인다"라고 기록돼 있다. 또
《여중보기》에도 연지를 "볼, 입술, 손톱에 바를 때 연하게 할 것"
이라고 나오는데, 17세기 말에는 입술뿐 아니라 볼과 손톱에도
연하게 연지를 발랐던 것 같다. 그러나《안자이 수필》에 따르면

겐분 연간(1736~1741) 초부터는 볼연지 유행은 지나고 입술연지
가 중심이 됐다.

에도 시대 분카·분세이 연간(1804~1830)에는 다른 시대에는 찾
아볼 수 없는 독특한 연지 화장이 유행했다. 그것은 '사사이로베
니笹色紅', '사사베니笹紅'라는 화장이다. 아랫입술을 녹색으로
빛나게 하는 화장으로, 에도와 교토·오사카 모두에서 인기가 있
었다. 잇꽃의 연지는 짙게 여러 번 바르면 녹색(비단벌레색) 광택
을 띤다. 사사베니는 조릿대笹(사사)를 녹색에 빗대어 작명한 것
이다. 사사이로베니 화장은 당시 우키요에서 확인할 수 있다
(그림 13 참조).

1830년 간행된 수필 《기유쇼란嬉遊笑覽》에서 저자인 기타무
라 노부요喜多村信節는 "요즘은 연지를 짙게 하여 입술을 푸르게
빛나게 하는데, 무슨 일이냐. 푸른색은 죽은 이의 색"이라며 사
사이로베니 화장을 비난했다. 최첨단 유행이라고는 해도 입술을
녹색으로 칠하는 화장에는 눈살을 찌푸리는 사람이 있었음을 알
수 있다.

일설에 따르면 이 화장은 유녀가 시작한 것이다. 어쨌든 금처
럼 비싸다는 고가의 연지를 입술이 녹색으로 보일 때까지 거듭
바르는 것이 유행이 되고, 한편 비판도 받았다는 것은 연지를 많
이 쓸 수 있는 유복한 여성이 증가했다는 방증일 것이다. 그만큼

사회가 발전했음을 엿볼 수 있다.

유행을 따르고 싶은 것은 유복한 집안의 여성만이 아니었다. 멋은 부리고 싶은데 비싼 연지 가격이 부담스러운 서민은 소량의 연지로 입술을 녹색으로 보이게 하는 절약법을 고안해냈다. 《도시 풍속 화장전》을 보면 기초화장으로 먹이나 등유 불의 그을음을 바르고 그 위에 연지를 바르면 "푸른색을 띠면서 빛난다"라고 나온다. 예전에 이 절약법을 실제로 재현한 적이 있는데, 먹이 짙으면 입술이 거무스름해 보이지만 먹을 옅게 바르고 연지를 살짝 칠하면 연지만 몇 번이고 발랐을 때와 비슷한 녹색 광채가 나타났다.

녹색 연지는 분카·분세이 연간에 유행했지만, 백분과 마찬가지로 덴포 개혁 때 내려진 사치금지령으로 사라지고, 막부 말기까지는 입술연지를 옅게 바르게 됐다. 예외였던 것이 에도성의 내실 오오쿠大奥[40]였다. 오오쿠에서는 녹색 연지의 유행이 한참 지난 막부 말기에도 쇼군의 미망인 덴쇼인天璋院 이외에는 변함없이 녹색 연지를 사용했고, 백분도 진하게 발랐다. 사실 덴포 개혁 때 막부는 오오쿠도 대상에 포함해 방대한 지출을 억제하려 했으나, 오오쿠 측의 강력한 저항에 부딪혀 실패하고 말았다. 그 결과 아름다움을 다투는 여성 집단은 짙은 화장을 한 채 막부와 함께 종말을 맞고 말았다.

지금도 남아 있는 연지 노포

연지 이야기의 마지막으로, 에도 시대부터 화장용 연지를 만들어온 가게 가운데 현재까지 남아 있는 노포 두 곳을 소개하려 한다. 그중 하나가 야나기야柳屋(현재 회사명은 야나기야 본점)다. 야나기야라고 하면 나이가 좀 든 남성은 포마드 머릿기름이 떠오를 것이다.

야나기야를 세운 사람은 명나라에서 온 한방의로, 도쿠가와 이에야스의 시의侍醫였던 로잇칸呂一官이다. 로잇칸이 에도 니혼바시 2번지 모퉁이에 가게를 낸 것이 1615년이라고 하니, 야나기야는 약 4세기 동안 이어져오는 일본에서 가장 오래된 화장품 회사라 할 수 있다. 창업 당시에는 의료용으로 사용하던 연지를 화장용으로 만들어 백분, 머리용 향유, 식용 연지 등과 함께 판매했다. 로잇칸이 죽은 뒤에도 사업은 이어져, 1804년에는 오미近江 상인인 도이케 우헤에外池宇兵衛가 가게 이름과 영업권을 넘겨받았고, 현재까지 대대로 야가니야를 계승하고 있다.

1803년 출판된 산토 교덴의 《기묘즈이奇妙圖彙》에는 "야나기야의 연지는 빨강이 여러 가지 있어"라는 말이 나온다. 이처럼 통속소설에 등장할 정도였으니 야나기야가 얼마나 유명했는지 추측할 수 있다. 야나기야는 《에도 물건 사기 홀로 안내》에 "백분

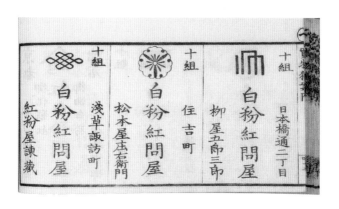

그림 15. 야나기야 광고(맨 오른쪽).
《에도 물건 사기 홀로 안내》, 와세다早稻田 대학 도서관 소장

과 연지 도매상" 그리고 정발료整髮料로 사용된 머릿기름 가게
로도 소개됐다(그림 15).

야나기야는 에도 근교의 오케가와주쿠桶川宿, 아게오주쿠上
尾宿, 오미야주쿠大宮宿, 우라와주쿠浦和宿에서 상품작물로 잇
꽃 재배를 하게 만든 주역이었다. 야나기야는 간세이寬政 연간
(1789~1801) 모가미강 유역에서 잇꽃 종자를 사와 오케가와 지
역에 있는 가미무라上村(현재 사이타마현 아게오시)에서 재배시켰다.
이 지역은 모가미 잇꽃 다음가는 전국 제2위의 규모로 성장하여
분카·분세이 연간에는 대규모 화장품 소비지가 된 에도에 '이른
시기에 수확한 물건'으로 연지 원료를 공급했다.

또 하나의 노포는 연지 도매상으로 시작한 이세야한에몬伊勢屋半右衛門(통칭 이세한, 현재 회사명은 이세한 본점)이다. 이세한이 창업한 것은 1825년이니, 바로 에도에서 연지 화상이 가상 유행할 때였다. 이세한은 에도 니혼바시 고부나초小舟町에 가게를 열었고, 브랜드 파워를 갖춘 교토의 연지에 뒤지지 않는 '고마치베니小町紅' 제조에 성공했다.

고마치베니란 말할 필요도 없이 헤이안 시대의 미녀 오노노고마치小野小町에서 따온 이름이다. 현재와 같은 상표등록제도가 없었기 때문에 에도 시대에는 많은 가게가 고마치베니라는 같은 이름의 연지를 판매했다. 이세한의 고마치베니도 그중 하나였다.

현재의 이세한은 패전 후 립스틱으로 일세를 풍미한 '키스미キスミー' 등 많은 브랜드를 갖추고 있는 한편, 잇꽃을 재료로 한 베니초쿠를 전통 제조법으로 계속 만들고 있어 연지와 함께 그 역사를 함께해온 노포라 할 수 있다.

표시 기능을
가진
검은 화장

기혼 여성은 치아를 물들였다

에도 시대가 되자 남성은 천황과 공가를 제외하고 오하구로 화장을 하지 않았다. 이제 오하구로 화장은 기본적으로 여성의 원복을 계기로 행해지는 화장이 됐다. 처음 오하구로 화장을 하는 것을 '하구로 시작', '가네 시작' 등이라 일컫고, 그 연령은 시간이 흐르면서 13세에서 17세로 점차 높아졌다.

에도 시대 중엽부터는 결혼을 전후하여 오하구로 화장을 하게 됐고, 에도에서는 오하구로 화장을 '반半 원복', 아이가 생겨 눈썹 밀기하는 것을 '본本 원복'이라 했다. 이하라 사이카쿠의 《호색오인녀》에는 열대여섯 살로 보이는 미인을 "연을 맺기 이전인가 생각했더니, 오하구로 화장을 하고 눈썹도 없네"라고 묘사하는 장면이 나온다. 미혼인가 생각했더니, 아이가 있는 기혼 여성이었다는 말이다. 17세기 말엽 오사카나 교토에서는 오하구로 화장이 미혼과 기혼을 구별하는 표시로 사용됐음을 알 수 있다.

백분과 입술연지는 진하게 바르면 비난받았지만, 검은 화장인 오하구로 화장은 빠짐없이 검게 이를 물들여야 좋다고 생각했다. 1687년 간행된 《여용훈몽도회》에 따르면 오하구로 화장은 '매일 아침 하는 게 가장 좋고, 이틀에 한 번은 보통, 3일에 한 번은 별로'였다. 며칠 동안 방치하여 오하구로 화장이 벗겨지는 일은 몸가짐이 단정치 못함을 의미했다.

검정은 다른 어떤 색으로도 물들지 않기에 '정녀貞女는 두 남편을 모시지 않는다', 즉 정절을 상징하는 색이었다. 오하구로 화장은 남편에 대한 정절을 강조하는 유교의 가르침에 알맞은 화장이었다. 여성은 결혼을 전후하여 치아를 물들이는 것이 보통이었지만, 지역에 따라 조금 달랐다. 에도, 교토, 오사카의 풍속을 비교해 고증한 《모리사다만코》에 따르면 교토와 오사카에서는 스물한두 살이 되면 미혼이라도 치아를 물들였다. 에도에서는 조금 일러 미혼이라도 열여덟이나 열아홉 살이 되면 치아를 물들이는 여성이 많았다. 당시 결혼 적령기는 세는 나이로 열다섯에서 열여덟 살 정도라 혼기를 놓친 여성은 주위의 시선을 의식해 오하구로 화장을 했다.

일반 여성뿐 아니라 유녀와 게이샤도 오하구로 화장을 하는 경우가 있었는데, 이것도 지역차가 있었다. 에도에서는 관청의 허가를 받은 요시와라吉原의 유녀만이 치아를 물들였고, 사창가처럼 관청의 허가가 없는 곳의 유녀는 물들이지 않았다. 또 에도에서는 게이샤도 치아를 물들이지 않았다. 그러나 교토와 오사카에서는 관청의 허가 여부와 상관없이 유녀도, 게이샤도 치아를 물들였다.

다이쇼 시대부터 쇼와 시대에 걸쳐 민속학 연구의 일환으로 일본 각지에서는 방문 조사가 많이 이루어졌다. 조사 내용 중에는 오하구로 화장에 대한 것도 있었다. 이 자료와 메이지 시대 이전의 문헌 등을 같이 놓고 보면, 북쪽으로는 아오모리青森에서 남쪽으로는 가고시마鹿兒島에 이르기까지 일본 전역에 걸쳐 오하구로 화장이 퍼져 있었음을 알 수 있다.

오하구로 화장 재료의 성분

그러면 이를 검게 물들이기 위해 도대체 무엇을 사용했을까? 누구라도 품는 의문일 것이다. 결론을 먼저 말하면 오하구로 화장에 쓰이는 검정 재료는 검은색 만년필 잉크와 같은 성분이다. 에도 시대의 오하구로 화장 재료는 두 가지로, 오배자 가루와 오하구로 물(가네 물)이다. 오배자 가루란 일본 전역의 산야에 자생하는 옻나뭇과에 속하는 붉나무의 새싹과 새잎에 생긴 충영蟲廮(붉나무에 벌레가 기생하여 혹처럼 생기는 것)을 말린 뒤 가루로 만든 것으로, 타닌을 많이 함유하고 있다. 오배자 가루는 도시의 오배자 가게와 이쑤시개 가게, 생약 가게, 방물 가게 등에서 판매됐다.

《식물민속 사물과 인간의 문화사 101 植物民俗ものと人間の文化史101》(2001)에 따르면 붉나무 외에 통조화나 사방오리, 오리나무 등도 지역에 따라서 '콩마디나무', '오하구로의 나무'라고 불렸다. 이것들의 열매에도 타닌 성분이 많은데, 역시 말려서 가루로 만들어 오배자 가루 대신 썼다. 시판되는 물건이나 붉나무의 충영을 손에 넣을 수 없는 지역에서는 가까운 산야에서 자라는 식물로 대체했던 것이다.

또 하나의 재료인 오하구로 물은 기본적으로 자가 생산이었다. 초산제일철을 주성분으로 하는 용액으로, 쌀뜨물에 식초, 찻물, 고철, 술 등을 더해서 밀봉한 채 2~3개월 두어 발효한 것이다. 이 물과 오배자 가루가 만나면 타닌제이철 용액이라는 검은 잉크와 같은 성분의 화합물이 만들어진다. 앞 장에 나왔던 루이스 프로이스는 일본 여성이 치아를 검게 하기 위해 '철과 식초'를 썼다고 기록했는데, 철과 식초는 바로 오하구로 물의 재료인 것이다.

그림 16. 오하구로 화장 도구를 앞에 두고 거울을 보면서 붓으로 바르고 있다.
우타가와 구니사다歌川國貞, 〈화장 삼미인化粧三美人〉,
홋카이도 도립근대미술관 소장

오하구로 화장을 할 때는 새의 깃뿌리를 짧게 잘라 붓털을 만들고, 그 붓털을 대에 꽂아 붓을 만들어 사용하는데, 이 붓으로 오하구로 물과 오배자 가루를 교대로 치아에 발랐다. 타닌이 많이 포함된 오배자 가루는 떫은맛이 강하다. 또 오하구로 물은 식초 등을 넣어서 발효한 것이기에 현대인이라면 코를 막아도 바를 수 없을 정도로 악취를 내뿜었다. 게다가 치아에 바르기 전에 오하구로 물을 작은 용기에 덜어 끓였기 때문에 냄새는 더욱 강해졌다. 그래서 오하구로 화장을 한 후에는 쓴맛과 악취를 줄이기 위해 찻잔에 담긴 양칫물로 입안을 헹굴 필요가 있었다 (그림 16).

상류층은 눈썹을 그렸다

오하구로 화장이 기혼의 상징이었다면, 또 하나의 검은 화장인 눈썹 화장은 신분과 계급, 연령, 자식의 유무를 나타내는 표시였다. 또 공가나 상류층 무가에서 눈썹 화장은 유일하게 예법으로 확립된 화장이었다. 에도 시대 상류층의 눈썹 화장법은 예법서로 체계화됐고, 눈썹 화장만으로 한 권의 책이 만들어질 정도로 중시됐다. 그중 하나인 오가사와라小笠原 유파에서 파생한 미즈시마水嶋 유파의 예법서《화장 눈썹 만들기 구전化粧眉作口傳》

그림 17. 중년 여성의 마른 눈썹.《화장 눈썹 만들기 구전》,
폴라 문화연구소 도판 제공

(1762)에는 나이와 신분에 따른 눈썹 형태와 명칭, 그리는 방법 등이 기록되어 있다.

그 내용을 정리한《눈썹의 문화사眉の文化史》(1985)에 따르면 상류층 무가 여성의 경우 원복 전에는 '더부룩이 눈썹'이라 하여 있는 그대로의 눈썹에 세밀히 심을 넣었다. '심을 넣는다'는 표현은 눈썹먹으로 눈썹 중심부를 짙게 그리는 것을 말한다. 원복 전에도 열 살부터 열대여섯 살까지는 '큰 눈썹'이라 하여 눈썹 밑부분을 일자로 밀고 심을 넣었다. 그리고 나이가 들면 다른 눈썹보다 작고 먹도 옅은 '마른 눈썹'을 했다(그림 17).

이처럼 신분이 높은 여성은 일정한 연령이 되면 눈썹을 밀고 정해진 형태의 눈썹을 그려야 했다. 눈썹 화장을 하는 연령과 그리는 법은 대대로 내려오는 가문의 예법에 따라 조금씩 달랐던 것으로 보인다. 막부 말기 에도성 오오쿠의 풍속을 기록한《지요다조 오오쿠千代田城大奧》에는 "의례가 있는 날이면 정실부인에서 상급 여관까지 남김없이 그리고 청소 담당 시녀까지도 눈썹을 남겼다"라고 나온다. 의례가 있는 날이나 명절에는 정실부인은 물론이고 쇼군의 눈에 띌 만한 일정 관직 이상의 여관은 눈썹을 그렸다는 말이다. 오오쿠의 여성은 막부 말기까지도 예법대로 눈썹 화장을 계속한 것이다.

눈썹을 밀기만 한 서민층

한편 서민층은 임신한 사실을 안 이후 또는 아이를 출산한 후에는 눈썹을 전부 밀었다. 결혼 연령과 지역의 풍습에 따라 차이가 있었는데, 치아를 물들이는 것과 동시에 눈썹을 미는 곳도 있었다. 어느 쪽이든 아이가 생기면 반드시 미는 것이 대전제였다(그림 9 참조).

상류층은 눈썹을 밀고 나서 나이와 신분을 구별 짓는 다른 눈썹을 그렸지만, 서민층은 밀기만 했고 그 후 눈썹을 그리지 않았다는 점에서 차이가 있다. 상류층의 예법이 서민층에 영향을 미쳤지만, 눈썹을 민다는 기본 조건만이 정착한 것이다. 눈썹 화장은 상류층과 서민층의 신분 차이를 명확히 보여주는 의미가 있었다.

미용 면에서 볼 때 얼굴에 긴장감을 주는 눈썹이 없으면 확 늙은 것 같은 인상을 준다. 그 때문에 임신을 알고 난 후 눈썹을 미는 일은 젊은 여성에게 기쁘기도 하지만 복잡한 심정이 들게 했다. 서민의 생활을 기록한 문집《하이후야나기다루》에도 밀어버린 눈썹을 안타까워하는 여성의 심정을 읊은, "아까운 듯이 여자는 이마를 두 번 쓰다듬네"와 같은 시구가 남아 있다.

그런데 이 눈썹과 관련한 예법이 우키요에는 적용되지 않

그림 18. 자식이 있지만 눈썹이 남아 있게 그린 우키요에. 기타가와 우타마로,
〈꿈에 시달리는 아이와 어머니夢にうなされる子どもと母〉,
구몬 교육연구회 소장

았다. 우키요에에 명확히 어머니로 보이는 여성이 나오는데 눈썹을 밀지 않은 모습으로 그려진 것이다(그림 18).

《모리사다만코》에 따르면 눈썹이 없으면 나이 들어 보이므로 우키요에를 그릴 때는 스무 살을 넘긴 기혼 여성이라도 서른 살 이하라면 눈썹을 그린다는 약속이 있었다. 우키요에도 파는 물건이라 같은 미인화라면 젊어 보이는 편이 잘 나갔기 때문일지 모른다. 당시 사람들은 그러한 약속을 인지하고 우키요에를 즐긴 것이다.

결혼 전의 젊은 여성은 얼굴의 균형을 염두에 두고 있는 그대로의 눈썹을 아름다워 보이게 정돈했다.《도시 풍속 화장전》에 따르면 짧은 얼굴과 둥근 얼굴은 초승달처럼 그리고, 긴 얼굴과 큰 얼굴은 약간 두껍게 그리는 등 얼굴 형태에 따라 눈썹 그리는 법이 조금씩 달랐다.

눈썹을 그리는 데 사용하는 눈썹먹은 집에서 만든 것이 많았고, 보리깜부기(깜부기병에 걸려 검게 변한 보리 이삭)를 비벼 가루로 만들거나 등불 심지에서 채취한 그을음 등을 사용하기도 했다.

눈썹은 밀면 됐고, 오하구로 물은 집에서 만들었으며, 오배자 가루도 스스로 채취하면 돈이 들지 않았다. 이러한 검은 화장은 에도 시대를 통틀어 전국적으로 서민층이 가장 일상적으로 한 화장이었을 것이다.《모리사다만코》에 따르면 화장이 옅어진 에도 시대 말엽 연지와 백분 화장이 격식을 차린 화장이었다면, 오하구로 화장과 눈썹 밀기는 기혼 여성과 자녀를 둔 여성이 일상적으로 반드시 하는 화장이었다. 이는 에도와 교토, 오사카가 다르지 않았다.

에도 시대에 완성된 하양·빨강·검정 세 가지 색 화장에는 여성에게 단정함과 멋을 더해주는 동시에 결혼과 출산 등 인생의 전환점을 나타내는 소중한 의미가 있었던 것이다. 그러나 화장도 시대의 변화를 거역할 수는 없었다. 1853년 미국의 페리가 이끄는 흑선黑船이 찾아왔고, 일본은 개국했다. 이후 막부 말의 동란기를 거쳐 메이지 정부에 의한 새로운 국가 체제가 시작되자 화장에도 새로운 변화가 찾아오게 된다.

메이지 시대: 근대화가 바꾼 화장

3

사라지는
오하구로 화장과
눈썹 밀기

서양화 시대

메이지 유신으로 265년간 이어온 에도 막부가 종언을 맞았다. 새로 발족한 메이지 정부는 서구와 어깨를 나란히 하기 위해 근대화 정책을 잇달아 펼쳐 나갔다. 정부가 생각하는 근대화란 서양화였기에 군사·산업 면에서는 부국강병과 식산흥업에 힘을 쏟았고, 풍속은 외부에서 봐도 변화가 확실히 보이도록 국가가 주도해 서양식으로 바꾸려 했다. 관리에게 서양 의복 착용을 추진한 것이 전형적인 예지만, 머리 모양과 화장도 정부가 추진하는 서양화의 대상에 포함됐다. 에도 시대까지 당연시되던 오하구로 화장과 눈썹 밀기는 낡은 풍습으로 여겨져 부정됐다.

한편 그때까지 일본에 없던 화장품과 화장법, 미용 기술이 서구에서 들어왔다. 식산흥업 정책으로 화학산업이 발전했고, 이를 바탕으로 근대 화학을 바탕으로 한 화장품이 제조, 판매됐다. 비누와 크림처럼 일본에서는 사용되지 않던 상품도 수입품을 모방해 일본 국내에서 생산되기 시작했다. 메이지 시대에는 전통적 화장품에서 근대적 화장품으로 전환되기 시작했고, 화장품산업이 근대 공업으로 발전하는 기반이 구축됐다.

화장법과 화장품에 관한 정보는 일간 신문이나 월간 잡지와 같은 새로운 매체를 통해 독자에게 전달됐다. 특히 메이지 30년대(1898~1907) 후반부터 증가한 여성 잡지는 서구의 미용법을 소개하는 대표적 매체였다.

근대화는 여성의 화장에 대한 미의식을 조금씩 바꾸어갔다. 메이지 시대는 서양 문화와 맞닥뜨린 충격을 뛰어넘어 새로운 미의식을 받아들이려고 하던 과도기였다. 이 장에서는 에도 시대와의 차이를 살피면서 근대화로 인해 변해가는 메이지 시대의 화장을 알아보려 한다.

서양인의 시선

앞에서 서술한 대로 하양, 빨강, 검정을 바탕으로 하는 일본의 전통 화장은 독자적 발달을 해왔기에 서구 국가의 미의식과는 간극이 매우 컸다. 먼저 막부 말기부터 메이지 시대 초기에 개국과

통상을 요구하며 일본을 찾아온 외국인이 일본 여성의 화장을 어떻게 보았는지 살펴보자. 1859년부터 1862년까지 일본에 체재한 영국 주일공사 러더퍼드 올콕Rutherford Alcock은 오하구로 화장과 눈썹 밀기에 대해 이렇게 기록했다.

치아에 검은 니스와 같은 것을 발랐고 눈썹을 죄다 잡아 뜯어서 모든 여성 가운데 일본 부인은 분명히 인공적으로 추한 점에서는 최고다. (……) 이처럼 추해 보이는 여성의 입은 마치 무덤 구멍으로 보인다. (러더퍼드 올콕 저, 야마구치 고사쿠 역, 《대군의 수도大君の都》, 이와나미 서점巖波書店)

에도 시대 일본 여성에게는 당연했던 화장이 올콕의 눈엔 추해 보였던 것이다. 막부 말기에 일본에 온 덴마크인 에두아르 수엔손Edouard Suenson도 젊은 여성의 아름다움은 칭찬했지만, 기혼 여성의 화장에 대해서는 올콕과 마찬가지 반응을 보였다.

여자는 아무런 속박도 걱정도 없던 생활과 작별하고 결혼 생활에 들어가는 그날로 여성스러운 아름다움을 잃어버린다. 눈썹을 밀어버리고 빛나기만 하던 하얀 치아도 검게 물들여야 하기 때문이다. 그때까지는 장난기 어리고 또 우수에 찼던 눈도 표정을 잃고, 입술을 벌리면 불쾌한 입속이 보인다. 그때마다 엉겁결에 뒷걸음질을 칠 정도다. (에두아르 수엔손 저, 나가시마 요이치長島要一 역, 《에도 막말 체재기江戸幕末滞在記》, 신진부쓰오라이샤新人物往來社)

일본에 온 많은 외국인이 견문록을 남겼는데, 그들 대부분은 일본의 오하구로 화장과 눈썹 밀기 풍습을 비난했다. 유럽에서도 중세에는 이마를 넓어 보이게 하기 위해 눈썹을 밀던 시기가 있었지만, 르네상스 이후 밀지 않았고, 또 하얀 치아는 전통적으로 여성이 가진 아름다운 매력의 하나로 여겨져 르네상스 시기에는 진주나 상아에 비유되곤 했다. 18~19세기 유럽의 미용서에 치아를 하얗게 만드는 다양한 방법이 실렸을 정도다. 하얀 치아가 아름답다는 미의식 아래 자란 그들에게 일부러 이를 시커멓게 물들이는 일본의 풍습은 '비문명적' 관습일 뿐, 도저히 이해할 수 없는 일이었다.

정부 주도의 개혁

새로 수립된 메이지 정부의 중요 과제는 에도 막부가 서구 국가와 맺은 불평등조약을 개정하는 일이었다. 또 정부는 구미 열강을 따라잡기 위해 문화에서도 서구식 근대화를 꾀했다. 여기서 나온 것이 화장과 머리 모양, 의복 등 외견의 서양화를 위로부터 추진하는 정책이었다.

화장과 관련한 최초의 포고는 오하구로 화장과 눈썹 밀기에 대한 것이었는데, 대상은 공가 남성이었다. 전통에 따라 오하구로 화장과 눈썹 밀기를 하던 공경을 대상으로, 메이지로 원호가 바뀌기 전인 게이오慶應 4년(1868) 1월 6일 '남자는 금후 오하구로 화장을 하지 않아도 좋다. 눈썹도 마찬가지로, 젊은 공경이 눈썹을 만들 필요는 없다'는 취지의 태정관 포고가 나왔다.

그러나 휴 코타지Hugh Cortazzi의 《어느 영국 외교관의 메이지 유신-미트퍼드의 회상-ある英國外交官の明治維新-ミットフォードの回想-》에 따르면 같은 해 3월 3일 영국 공사 해리 스미스 파크스 Harry Smith Parkes가 즉위 전의 메이지 천황을 만났을 때 천황의 모습은 이러했다. "눈썹은 밀어버렸고, 이마 위쪽 높은 곳에 먹으로 새로 그려져 있었다. 볼에는 연지를 발랐고, 입술은 반짝반짝 붉게 칠해졌고, 치아는 오하구로 화장으로 물들어 있었다." 당시 천황은 아직 종래의 화장을 유지했던 모양이다.

1870년(메이지 3) 2월 5일에는 이제부터 원복을 하는 화족華族은 "치아를 물들이고 눈썹 미는 것을 그만두도록"이라는 확실한 금지령이 발포됐다. 이것은 아마도 이전 태정관 포고에 따르지 않는 자가 많았기 때문일 것이다. 포고의 대상이 화족인 이유는 한 해 전에 판적봉환版籍奉還[41]이 이루어져 그때까지의 공경, 제후의 호칭이 화족으로 바뀌었기 때문이다.

다음 해 8월 9일에는 이른바 단발령으로 알려진 남성의 머리 모양에 관한 태정관 포고가 발포됐다. 이 포고는 상투를 자르는 등의 두발 자유와 더불어 관리, 화족, 사족士族[42]에게 제복, 약복略服, 탈도脫刀의 자유를 인정하는 것이었다.

이어서 1872년 공식 행사용 문관의 예복으로 서양 의복이 선정됐다. 같은 해 우편 외무원에게 서양 의복이 지급됐다. 그 밖에도 군인, 경관, 철도원 등의 제복이 점차 서양 의복으로 바뀌었다. 정부가 지시하기 쉬운 관리부터 머리에서 발끝까지 머리 모양과 의복의 근대화가 진행돼갔다.

서양의 생활양식을 받아들이려는 일련의 정책을 사람들은 문명개화라고 불렀다. 서민층이 변화를 몸으로 느낄 수 있었던 것은 산발이었을 것이다. "산발한 머리를 두들겨보면 문명개화의 소리가 난다"라는 속요俗謠가 유행한 것도 이즈음이다.

남성의 단발에 영향을 받아 도쿄에서는 이때다 하며 단발하는 여성이 나타났다. 그러나 당시 도쿄부東京府는 1872년 4월 5일 '여자의 단발을 금지하고, 단발은 남자로 제한한다'라는 포고를 내렸다. 이때는 정부가 모범으로 삼는 서구에서조차 여성은 긴 머리를 묶어 커다란 시뇽chignon(쪽머리)을 했다. 아무리 개화라고 해도 여성이 머리를 짧게 자르는 것은 시기상조였고, 절대로 인정될 수 없는 행위였던 것이다.

다음 해인 1873년은 여성의 화장에서 커다란 변환점이 된 해였다. 3월 3일 황태후와 황후가 눈썹 밀기와 오하구로 화장을 그만두었다고 궁내성이 발표한 것이다. 여관女官과 화족 여성이 그 뒤를 이었다. 황후와 황태후가 화장을 바꾼 지 약 반달 후인 3월 20일, 메이지 천황이 처음으로 단발을 했다. 그날 오전 언제나 그랬듯이 여관이 천황의 머리를 틀어 올렸고 얼굴에는 백분을 엷게 발랐는데, 외출했다가 돌아온 천황의 머리는 산발이었다. 이를 보고 여관들은 모두 놀라며 슬퍼했다고《메이지 천황기明治天皇紀》는 전한다. 천황이 상투를 없애기까지 단발령이 내려진 이후 반년이 걸렸다는 사실은 전통을 중시하는 궁중의 예법을 바꾸는 일이 쉽지 않았음을 말해준다. 이처럼 궁중에까지 퍼진 외견상의 개혁은 메이지 시대 초기부터 계속됐다.

오하구로 화장의 쇠퇴

정부는 상류층과 관리부터 풍속의 서양화를 추진했지만, 연호가 메이지가 됐다고 해서 서민 여성의 일상생활이 급변한 것은 아니었다. 그러나 1871년(메이지 4)경부터 민간에서도 여성의 오하구로 화장과 눈썹 밀기 풍습을 폐지하려는 분위기가 고조됐다. 같은 해 7월 간행된 《신문잡지新聞雜誌》에는 "여성이 치아를 물들이고 눈썹을 미는 것은 태생적 아름다움을 훼손하는 인습이니 법령으로 금지해야 한다"라는 내용의 문명개화를 의식한 의견이 게재됐다.

그다지 알려져 있지 않지만, 문명개화의 주역 후쿠자와 유키치福澤諭吉도 여성의 오하구로 화장과 눈썹 밀기를 야만적 풍습이라고 생각했다. 그는 《학문의 권장學問のすゝめ》을 출판한 해인 1872년 이러한 풍습을 풍자한 우화를 담은 소책자를 출판해 오랫동안 지속해온 습관을 그만두자고 주장했다.

실제로 여성의 오하구로 화장에 변화가 나타난 것은 1873년 황후와 황태후가 오하구로 화장을 그만두었다고 궁내성이 발표한 이후일 것이다. 정부로서는 일반 여성도 이를 계기로 바꾸었으면 했겠지만, 기혼 여성이 그 상징이라고 할 수 있는 오하구로 화장을 그만두는 일은 그때까지의 미의식과 가치관을 완전히 뒤집는 것인 만큼 강제성 있는 금지령의 형태는 취하지 않았다. 로쿠메이칸鹿鳴館 시대(1883~1887)[43]에도 상류층은 드레스를 입었지만, 서민층의 변화는 여전히 느렸다.

1896년 1월의 《풍속화보風俗畫報》는 다음과 같이 오하구로 화장의 쇠퇴를 전한다. 하지만 이는 어디까지나 도시의 경우다.

근래 서구의 풍속이 빈번히 행해져, 검은 치아가 야만적 유풍이고 자연미를 훼손한다고 멸시당해 중류층 이상의 부녀자는 대체로 하얀 치아다. 연배 있는 장년층 여성만이 여전히 치아를 물들인다. 풍속의 일대 변혁이라 할 만하다.

지방의 실태를 알 수 있는 자료로 와카야마현和歌山縣 와카야마시에서 개업한 치과 의사 나카무라 요시마사中村好正가 행한 조사를 들 수 있다. 이 자료에 따르면 1893년 1월부터 12월까지 1년간 병원에 찾아온 기혼 여성 288명 중 오하구로 화장을 한 사람은 202명으로, 약 70퍼센트였다.[44] 오하구로 화장 폐지가 제창되고 20년이 지났는데도 이 지역에서 하얀 치아의 기혼자는 고작 30퍼센트에 지나지 않았다. 오하구로 화장이 줄었다고는 해도 그 시기에는 지역 차와 개인차가 있었던 것이다.

메이지 시대 중반에는 오하구로 화장이 쇠퇴했다고 주장하는 사람을 비웃기라도 하듯이, 물로 녹이기만 해도 쓸 수 있는 분말 형태의 인스턴트 오하구로 화장품이 발매되어 신문에 빈번히 광고가 실렸다. 이것만 봐도 여성이 오하구로 화장 습관을 곧바로 그만두지는 못했음을 알 수 있다. 게다가 간단히 바를 수 있는 상품의 등장은 오하구로 화장의 연명을 도와주었다고 할 수 있다.

인스턴트 오하구로 화장품의 대표적 브랜드로 오사카 마스다 다이이치도大阪益田第一堂의 '편리 오하구로 누레카라스べんりおはぐろぬれからす'가 있다.《아사히 신문》에 이 상품의 광고가 처음 실린 것은 1884년이다. 오사카에서 시작한《아사히 신문》이 1888년 도쿄로 진출했고, '편리 오하구로 누레카라스' 광고는 《도쿄 아사히 신문》에 1901년(메이지 34)까지 실렸다.

메이지 30년대(1898~1907)에 들어와서는 인스턴트 오하구로 화장품 광고가 줄어드는 것으로 보아 수요가 감소했음을 알 수 있다. 그렇다고는 해도《도쿄 방물장사 화장품 목록東京小間物化粧品名鑑》의 1913년판, 심지어《방물장사 화장품 목록》의 1932년판에도 인스턴트 오하구로 화장품이 게재됐다. 도쿄에서 오하구로 화장이 완전히 없어지기까지는 매우 긴 시간이 걸린 것이다.

눈썹 밀기에서 두꺼운 눈썹으로

오하구로 화장과 함께 문제시된 눈썹을 미는 관습도 조금씩 사라져갔다. 1875년(메이지 8)생인 교토의 화가 우에무라 쇼엔上村松園은 어머니의 민 눈썹을 보던 어린 시절 추억을 "어머니의 눈썹은 다른 사람보다 푸르고 윤이 났다. 어머니는 매일 면도칼로 눈썹 손질을 했다"라고 수필《세이비쇼青眉抄》에 남겼다. 여기서 '세이비青眉'란 눈썹을 밀어버려서 푸르스름한 눈썹 자리를 말한다. 그녀의 기억에 남아 있는 어린 시절이란 메이지 10년대일 것이다. 황후와 황태후가 눈썹 밀기와 눈썹 그리기를 그만두었다고 해서 일반 여성이 바로 뒤따랐던 것이 아니라는 것을 이 일화에서도 읽어낼 수 있다.

1898년(메이지 31) 간행된 모리 산케이森三溪의《에도와 도쿄江戶と東京》에는 "메이지 시대 들어 눈썹을 밀고 치아를 물들이는 풍습이 고루한 것임을 알게 되어 에도는 솔선하여 타파했고, 이제는 거의 그 풍습이 남아 있지 않다"라는 내용이 나온다. 그러나 1907년 간행된《부인세계婦人世界》의 임시 증간호《화장 거울化粧かがみ》에는 도쿄에서도 하류층 부인은 오하구로 화장과 눈썹 밀기를 했고, 지방에도 그러한 여성이 아직 많다고 쓰여 있어 책마다 차이가 있음을 알 수 있다. 결국 눈썹 밀기도 오하구로 화장과 마찬가지로 지역 차와 개인차가 있었고, 완전히 사라지는 데는 시간이 필요했다.

눈썹을 밀지 않게 되자 본래의 눈썹을 어떻게 정돈할지가 눈썹 화장의 포인트가 됐다. 얼굴에 어울리는 눈썹 그리는 법은 기본적으로 에도 시대의 방식을 따랐다. 눈썹을 그리고 정돈하는 데는 눈썹먹을 사용했다. 당시 눈썹먹은 대부분 집에서 만들었는데, 달걀노른자 그을음이나 오동나무 또는 참나무 껍데기를 태워서 가루로 낸 것 등을 사용했다.

새로운 사실은 앞서 언급한《화장 거울》에 2B 정도의 심이 부드러운 연필을 쓰는 방법이 실려 있다는 점이다. 연필이 일본에서 대량생산되기 시작한 것은 메이지 30년대(1898~1907)에 들어와서니까, 1907년경 연필을 사용하는 화장법은 당시로서는 획기적인 방법이었을 것이다.

눈썹 두께의 경향을 보면, 메이지

그림 19. 스에히로 히로코.
《일본미인첩日本美人帖》, 1908.
폴라 문화연구소 도판 제공

시대 말엽에는 젊은 여성 사이에서 두꺼운 눈썹이 유행한 듯하다. 이는 러일전쟁 무렵 붐을 불러일으킨 미인화 엽서(현재로 말하면 브로마이드)와 같은 사진에서 확인할 수 있다. 엽서 모델은 인기 있는 게이샤가 많았고, 그녀들의 눈썹은 대부분 두껍고 명확했다.

1907년에는 지지신포時事新報사가 사진으로 선정하는 일반인 미인대회를 열었다. 이 대회에서 우승한 스에히로 히로코末弘ヒロ子와 2위 가네다 겐코金田ケン子도 두꺼운 눈썹을 가진 미인이었다(그림 19).

유명 게이샤나 미인대회 상위 입상자의 사진을 보면 메이지 시대 말엽의 미인은 둥그런 얼굴에 어울리는 두꺼운 눈썹을 가졌고, 선명한 쌍꺼풀이 눈에 띈다. 갸름한 얼굴에 가늘고 긴 눈을 한 우키요에풍 미인에서 통통해서 건강해 보이고 눈이 큰 근대적 미인이 두각을 나타내기 시작한 것이다.

새로운 화장의 기운,
서양식
화장 도입

근대 화장품산업의 탄생

메이지 시대 초기, 정부는 해외에서 기술자를 초빙했고, 화학 분야에도 적극적으로 지식과 기술을 도입했다. 그 성과는 화장품 연구 개발에도 응용되어 수입품을 모방한 서양식 화장품이 잇달아 생산됐다. 그뿐 아니라 근대의 화학 지식이 적용돼 오랫동안 사용해온 전통 화장품이 개량되기도 했다.

메이지 시대에 창업한 대표적 화장품 회사를 알아보자. 1929년 발간된 《히라오 산페이 상점 50년사平尾贊平商店五十年史》는 메이지 시대 화장품업계의 4대 패자覇者로 '백분의 미소노御園', '치약의 라이온ライオン', '크림의 레이트レート', '가루비누의 구라부クラブ'를 꼽았다.

창업 연도를 보면 레이트 브랜드의 히라오 산페이 상점이

1878년(메이지 11), 고효 비누高評石鹼와 사자표 라이온 칫솔로 유명한 고바야시 도미지로小林富次郎 상점이 1891년, 구라부 가루 비누로 알려진 나카야마 다이요도中山太陽堂가 1903년, 미소노 백분의 이토 고초엔伊藤胡蝶園이 1904년이다. 고바야시 도미지로 상점은 생활용품 대기업인 라이온LION의 전신이고, 나카야마 다이요도는 구라부 코스메틱스CLUB COSMETICS로, 지금도 구라부 브랜드를 내세워 화장품을 제조, 판매한다.

이들 가운데 오사카가 거점인 나카야마 다이요도와 도쿄에 본사가 있는 히라오 산페이 상점은 후에 '서쪽의 구라부, 동쪽의 레이트'라 불리며 쇼와 시대 전기까지 화장품업계를 이끌었다. 또 현재 일본 내 화장품업계 1위인 시세이도資生堂와 2위인 가오花王도 메이지 시대부터 있었던 노포다.

시세이도는 1872년 서양식 처방 조제 약국으로 창업했고, 창업자인 후쿠하라 아리노부福原有信는 서양 약학을 배운 사람이었다. 1888년 시세이도는 일본 최초의 페이스트 치약 '후쿠하라 위생 치약'을 발매했고, 1897년부터 화장품산업에 본격적으로 뛰어들었다. 한편 가오는 1887년 창업했다. 창업자 나가세 도미로長瀬富郎가 전신인 서양 방물 가게 '나가세 상점'을 세웠고, 1890년 '가오 비누' 판매를 시작했다.

메이지 시대에 근대 화장품의 제조, 판매에 성공한 회사는 서구의 화장품 제조 지식을 습득하고 의학과 약학 전문가의 도움을 받아 사업을 전개했다. 오하구로나 눈썹 밀기 같은 전통 화장법이 점차 사라지고 일본산 서양식 화장품이 개발되면서 화장의 근대화가 이루어져갔다.

공중위생과 비누

새로운 서양식 화장품 중의 하나가 비누였다. 에도 시대에 비누는 포르투갈어인 '샤봉シャボン(sabão)'으로 불렸는데, 16세기 말엽 화승총이 전래되던 시기에 포르투갈에서 일본으로 전해졌기 때문이다. 샤봉은 에도 막부를 연 도쿠가와 이에야스의 유품을 기록한《순푸오와케모노 오도구초노오보에駿府御分物御道具帳之覺》(1616)에 침향나무 같은 고가의 향목香木과 함께 기재돼 있다. 하지만 당시 비누는 서민층에까지 보급되지는 않았고, 메이지 시대에 들어오면서 본격적으로 사용되기 시작했다.

　메이지 시대 초기부터 관민 모두 달려들어 국산 비누 개발을 시도했다. 그 배경에는 서구의 선진국처럼 공중위생을 보급하여 한시라도 빨리 문명국가 대열에 들어가려는 정부의 방침이 있었다. 전염병을 예방하기 위해서는 몸을 청결히 해야 하고, 그러려면 비누가 필요하다고 생각했기 때문이다.

일본 최초로 비누를 제조한 것은 화학 기술을 연구하고 교육하기 위해 설립한 관영官營 교토 세이미국京都舍密局으로, 1872년(메이지 5)경이었다. 참고로 세이미란 네덜란드어 '헤미 chemie(화학)'를 한자음으로 표기한 것이다. 외국인을 교사로 초빙해 약·비누·유리 등의 제조 실험이 행해졌다. 하지만 비누는 어디까지나 공업용 연구 개발이 목적이었기 때문에 판매는 되지 않았다. 다음 해인 1873년 요코하마에 쓰쓰미堤 비누 제조소가 세워져 민간에 처음으로 세탁소를 대상으로 막대 모양 빨래비누를 발매했고, 1874년에는 화장비누 제조에 성공했다.

메이지 10년대 이후 일본 각지에서 콜레라와 천연두 같은 전염병이 수차례 유행했다. 이때 환자 소독용으로, 그리고 육군과 해군 등 단체생활 장소에서 전염병 예방을 위해 비누가 사용되어 일반인에게도 인지도가 높아졌다.

일본제 비누가 시장에 유통됐지만, 그 품질 수준은 외국산과 비교할 수 없을 정도로 낮았다. 그래서인지 메이지 시대 중후반기에 출판된 미용서에는 비누의 알칼리 성분 때문에 피부가 거칠어지니 얼굴을 씻을 때는 가루비누 같은 전통 세안료가 낫다는 내용이 많이 나온다. 전통 세안료에는 쌀겨를 넣은 겨 주머니, 팥고물과 활석 등의 분말을 섞은 가루비누, 휘파람새의 똥 등이 있었다.

그러다 1906년 메이지 시대 화장품업계의 4대 패자 중 하나인 나카야마 다이요도가 천연 식물 원료 성분으로 개량한 '구라부 가루비누'를 판매하기 시작했고, 좋은 품질로 압도적 인기를 얻었다. 종래의 세안료도 비누에 지지 않는 상품 가치를 지녔음을 보여주기 위해 개량한 것이다.

서양식으로 처방된 스킨케어

메이지 시대의 대표적 스킨케어 상품은 세안료를 제외하면 화장수와 크림을 꼽을 수 있다. 그중 화장수는 1877년(메이지 10)부터 서양 의학과 약학 지식을 도입하여 신제품으로 제조됐다. 메이지 10년대의 히트 상품은 1878년 발매된 '고마치스이小町水'(히라오 산페이 상점)였다. 서양의가 처방한 이 상품은 기초화장에 쓰였고, 땀띠·주근깨·뾰루지 등에도 효과가 있다고 하여 인기를 끌었다.

메이지 20년대(1888~1897)에는 모모타니준텐칸桃谷順天館이 서양에서 여드름 치료에 사용하는 살리실산을 화장품에 배합해 '여드름 치료제 미안수にきびとり美顔水'를 발매했는데, 큰 인기였다(그림 20). 또 1897년에는 시세이도가 화장수 '오이데루민オイデルミン'을 판매했다. 발매 당시의 처방이 《시세이도 100년사資生

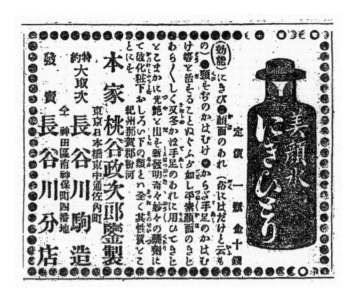

그림 20. 《요미우리 신문》 1890년 3월 2일 자, '여드름 치료제 미안수' 광고

堂百年史》에 기록되어 있는데, 알코올·글리세린·페놀프탈레인액·증류수 등에 향료를 배합한, 즉 서양식 처방을 도입한 근대 화장품이었다.

서양식 화장수는 피부를 정돈하는 목적 외에 백분의 기초화장 또는 백분을 푸는 물로도 사용됐다.

한편 물과 기름을 유화乳化하여 만든 크림은 일본 전통 화장에 없던 새로운 상품이었다. 메이지 20년대 초기에 다이니혼大

日本 제약에서 콜드크림을 발매했는데, 품질이 좋지 않아 오래가지 못했다.

크림 광고가 처음으로《도쿄 아사히 신문》과《요미우리 신문신문讀賣新聞》에 게재된 것은 양쪽 다 1902년이다. 그것은 닛신칸日新館 약방이 발매한 '수입품, 거친 피부 두렵지 않다. 본명 콜드크림'이라는 광고였다. 이를 통해 당시에는 수입품이 사용되고 있었음을 알 수 있다.

일본 상품으로는 히라오 산페이 상점의 '크림 레이트'를 비롯해 나카야마 다이요도, 이토 고초엔 등 유명 화장품 회사의 크림이 모두 메이지 30년대(1898~1907) 말부터 40년대에 걸쳐 발매됐다. 발매 시기가 화장수보다 꽤 늦었던 이유는 아마도 유화와 같은 기술 장벽을 넘는 데 시간이 걸렸기 때문일 것이다.《도쿄 아사히 신문》과《요미우리 신문》의 크림 광고도 1907년경부터 급증했다.

메이지 시대 말기가 되자 크림을 화장수 대신 백분의 기초화장용으로 바르게 됐고, 그 위에 가루백분을 툭툭 치는 서구식 화장법이 신문과 여성 잡지에서 화제가 됐다. 그러나 저가의 일본 상품이 시장에서 돌게 된 것이 이 시대니까 실제로 크림이 보급된 것은 다이쇼 시대(1912~1926)에 들어서면서부터라고 할 수 있다.

납백분에서 무연백분으로

검은 화장인 오하구로 화장과 눈썹 밀기는 쇠퇴의 길을 걸었지만, 하얀 화장인 백분 화장은 메이지 시대가 되어서도 화장의 중심을 지켰다. 메이지 시대로 들어오면서 백분에 두 가지 획기적 변화가 있었다. 그중 하나가 무연백분 개발이다. 사람의 몸에 해를 끼치지만, 납백분은 메이지 시대에도 애용되고 있었다. 그러나 곧 납백분의 독성이 업계 관계자 사이에서 문제가 됐고, 이후 무해한 백분을 만들려는 노력이 시작됐다.

1878년(메이지 11) 여름, 약방 '닛신도日新堂'의 점주 야마사키 가이이치山崎塊一와 모테기 하루타茂木春太·주지로重次郎 형제는 공동으로 조합을 설립해 무연백분의 원료가 되는 아연화亞鉛華(산화아연) 제조법 개발에 착수했다. 개발이 잘 진행되지 않아 공동 사업은 무산됐지만, 모테기 형제는 개발을 계속하여 결국 일본 최초로 아연화 제조에 성공했다. 그 시기는 1878년 가을부터 연말 즈음으로 추정된다. 형제는 1879년 3월 정식으로 아연화의 생산과 판매를 공인하는 내무성의 제조 면허를 취득했다.

1879년 9월 이후 《요미우리 신문》에는 야마사키 가이이치가 제조한 '서양식 약藥 백분 하나노우타게花の宴'와 후요켄芙容軒의 '신발명 무해 백분 교쿠후요玉芙容' 등 무해 또는 무연을 내세운 백분 광고가 등장했는데, 모테기 형제가 개발한 아연화가 사용됐을 가능성이 크다.

그러나 백분과 같은 약용만으로는 판매량이 적어서 형제는 도료용 아연화 연구에 착수했고, 1881년 고메이샤光明社를 설립했다. 고메이샤는 현재 유명 종합 도료 기업인 닛폰 페인트日本ペイント의 전신이다. 이른바 궤도 수정이 성공으로 이끈 사례인데, 페인트 회사의 뿌리가 백분 개발에 있었다는 사실은 의외의 일화다.

이 시기에 무연백분의 수요가 늘지 않은 가장 큰 이유는 납백분이 신체에 끼치는 해를 사람들이 아직 실감하지 못했기 때문이다. 납백분의 독성을 일반인이 확실히 인식하게 된 계기는 유명한 가부키 배우 나카무라 후쿠스케中村福助의 납 중독 사건이다. 1887년 외무대신 이노우에 가오루井上馨의 저택에서 천황이 참석한 가운데 가부키 공연이 열렸다. 미나모토 요시쓰네源義經 역을 맡은 나카무라 후쿠스케는 공연 도중 다리가 떨리기 시작했는데, 경련이 멈추지 않자 부축을 받으며 무대에서 퇴장할 수밖에 없었다. 경련의 원인을 알 수 없어 여러 의원에게 진찰을 받았고, 그 결과 만성 납중독 진단을 받았다.

이 이야기가 퍼지면서 여성이 먼저 동요하기 시작했고, 무연백분 연구가 본격화됐다. 그렇다고 만족할 만한 품질의 상품이 곧바로 개발된 것은 아니었다. 1900년 4월 내무성령으로 '유해성 착색료 단속 규칙'이 공포되어 음식물, 화장품, 장난감 등에 납 사용이 금지됐다. 하지만 백분만은 예외직으로 사용을 인정받았는데, 아직 대체품이 마련되지 못했기 때문이다.

화학자 하세베 나카히코長谷部仲彦가 완전 무연의 '미소노 백분'을 발매한 것은 다음 해 5월의 일이다. 하세베는 프랑스에서 국비로 유학하면서 화장품을 연구한 경험을 바탕으로 메이지 20년대부터 무연백분 개발에 착수했다. 즉 무연백분 개발은 정부에 의한 화학자 육성 정책의 혜택을 입은 것이라고 할 수 있다.

초창기 미소노 백분은 자본력이 약해 지명도가 낮았다. 하지만 4년 후인 1904년 이토 사카에伊藤榮가 자금을 제공해 '고초엔'이 설립됐고, 광고 선전에 힘을 기울이자 품질이 차츰 알려져 곧 메이지 시대를 대표하는 인기 상품이 됐다. 5년 후인 1909년에는 상호를 고초엔에서 이토 고초엔으로 변경했다.

미소노 백분 발매를 계기로 메이지 30년대 후반부터 무연백분이 속속 제품화되어 화장품산업의 주력 상품이 됐다. 그래도 납백분의 효용은 각별했던 모양이다. 당시 미용 서적은 대부분 납백분의 피해를 언급했지만, 한편 밀착·발림·광택 모두 납백분이 뛰어나다고 서술한 책도 많았다.

유예 기간이 지나 납백분 법이 개정된 것은 1930년이었다. 개정 내용은 1933년까지 납백분 제조를 금지하고, 1935년부터는 판매와 재고 확보까지 금지하는 것이었다. 실제 법 실행은 개정 내용보다 1년 더 유예됐다. 납백분은 그 피해가 널리 알려지고 나서도 반세기 가까이 계속 시판된 것이다.

육색 백분의 출현

무연백분 개발에 이은 또 하나의 획기적 변화는 하양 일변도에서 벗어나 서구에서 사용하던 '육색肉色'이 더해져 본래의 피부색을 살리는 화장법이 제창된 일이다. 백분은 한자로 '白粉', 즉 '하얀 가루'라는 뜻이다. 하얀 피부에 집착하는 전통 화장의 미의식이 드러나는 단어다. 그러나 육색 백분이 나오면서 '백분은 하양'이라는 근본적 인식이 흔들리면서 서구의 미의식을 따르게 됐다.

1896년(메이지 29)《풍속화보》에 최초의 육색 백분이라고 할 수 있는 '쇼비 백분賞美おしろい' 광고가 게재됐다. 이 상품은 물백분과 반죽백분 두 종류로 나뉘는데, 색깔도 '하양'과 '육색' 두 가지였다. 육색 백분이 등장한 것은 메이지 20년대 말이지만, 이를 사용해 자연스럽게 아름다워 보이는 화장이 잡지와 미용 서적에서 화제가 되는 것은 1907년경부터다.

육색은 '니쿠이로', '니쿠쇼쿠'라고 읽었고, 한자로 '淡紅', '紅'으로 쓰고 '니쿠'라고 읽는 경우도 있었다. 요즘 감각으로는 '육색이란 도대체 어떤 색일까?' 하고 고개를 갸우뚱하셨시만, 에도 시대의 미용 서적《도시 풍속 화장전》에도 "매우 옅은 붉은색을 육색처럼 희미하게 눈가에 바른다"라는 표현이 나오니까, 당시 사람에게는 그렇게 이상하게 여겨지지 않았던 모양이다.

일본 국내 생산품으로는 시세이도가 1906년 발매한 노란색 '가에데かへで'와 육색 '하나はな' 두 종류의 '무연독無鉛毒 반죽백분'이 있다. 인기 백분 브랜드인 이토 고초엔의 미소노 백분에서도 같은 해에 '니쿠이로淡紅色'가 나왔기 때문에 일본산 육색 백분은 이즈음 나오기 시작한 것으로 보인다.

메이지 40년대(1908~1912)가 되자 일본인 최초로 유럽 각지를 순회 공연한 여배우 가와카미 사다얏코川上貞奴가 잡지와 미용 서적에서 육색 백분 화장을 소개하여 서양식 화장은 더욱 주목받았다.

하양 대 육색

가와카미 사다얏코는 해외에서 쌓은 견문을 바탕으로 유럽의 백분 화장을 다음과 같이 설명했다.

서양인의 화장은 자신의 본래 피부를 예쁘게 보이려는 취향이라 백분도 피부에 맞도록 만듭니다. 백분의 색 종류는 하양 외에 분홍, 노랑 등이 있고, 색마다 짙은 것과 옅은 것이 있습니다. (……) 노란 백분은 일본 부인에게 가장 맞습니다. (……) 언젠가는 일본 부인에게 환영받는 날이 오겠지요.《신화장新化粧》, 1907)

가와카미 사다얏코는 서구인은 모두 자신의 피부색에 맞는 백분을 바르고, 여러 색 가운데 노란색이 일본인에게 맞을 것이라고 말한 것이다.

이에 대해 메이지 시대를 대표하는 미용가 후지나미 후요藤波芙蓉는 1910년(메이지 43) 간행된 《신식 화장법新式化粧法》 속의 〈잘못된 사다얏코의 서양 화장법〉이라는 글에서 가와카미 사다얏코의 주장을 정면으로 반박했다. 후지나미는 황인종 얼굴에 노란 백분을 바르면 '황달병적 화장'이 되니 백분은 어디까지나 하양이 기본이고 유색 백분은 보조로 써야 한다고 했다.

하양과 육색, 그것은 일본과 서양 간 미의식의 대립이기도 했다. 다이쇼 시대(1912~1926)에서 쇼와 시대(1926~1989)에 이르는 긴 기간을 살펴보면, 사다얏코가 예견한 대로 육색처럼 색깔 있는 백분이 주류가 되어 현재에 이른다. 하지만 메이지 시대 말엽까지만 해도 육색 백분 사용자는 서양식 의복을 입을 기회가 있는 상류층과 밤의 전등 불빛에 돋보이고 싶은 게이샤 정도로, 아직 소수에 지나지 않았다.

그리고 육색 백분 사용자 중에는 적갈색 치마에 목이 긴 구두를 신은 화양절충和洋折衷[45] 스타일의 여학생도 있었다. 1907년 4월 12일 자《요미우리 신문》은 도쿄의 혼고와 간다의 주요 화장품점을 조사한 결과, 얼굴색을 붉어 보이게 하는 육색 백분紅白粉과 기초화장 크림을 사용하는 여학생이 크게 증가했다고 보도했다. 유행에 민감한 여학생이 최신 육색 백분을 사용한 것이다. 메이지 시대 중엽에 태어나 도시에서 생활하던 그녀들은 새로운 화장을 멋있다고 느끼는 서양적 미의식을 가졌을 것이다.

화장하는 여학생

여학생의 화장에 대해 보충해둘 것이 있다. 메이지 시대 후기 고등여학교에 다니는 학생은 대체로 열두 살에서 열여섯 살 정도의 10대 중반이었다. 소녀라 할 수 있는 그녀들이 정말 화장을 했을까 하는 의문을 품을지도 모른다. 그러나 메이지 시대 여학생에게 화장은 필수적인 몸단장이었다. 당시 고등여학교에 다닐 수 있는 사람은 생활에 여유가 있는 양갓집 자녀로 한정됐다. 그녀들 대부분은 고가의 수입 화장품도 구할 수 있는 유복한 계층에 속했다.

1895년(메이지 28) 4월 4일 자《요미우리 신문》에는 벌써 여학생의 화장에 대한 기사가 나온다. 요약하면 이렇다. 야마노테山の手에 자리한 모 고등여학교에 연지와 백분을 발라 옅은 화장을 하는 학생이 늘어나, 이제는 거의 전교생이 화장을 한다. 그런데 신임 교장이 부임하여 화장을 금지하고, 지키지 않는 학생은 퇴학 처분한다는 방침을 세웠다는 것이다. 다시 말해 당시 여학생의 화장은 학교장의 재량에 달려 있었다. 특히 납백분의 독성이 널리 알려진 메이지 30년대 중반에는 교육자 사이에서도 여학생의 화장을 둘러싼 토론이 벌어질 정도였다. 이러한 토론이 있었다는 것 자체가 학교 교육 현장에서는 여학생의 화장이 일반적이었다는 증거라 할 수 있다.

화장품 회사로서는 치장에 흥미를 보이는 나이 대의 여학생은 최고의 고객이다. '대학大學 백분'을 발매하던 야노 호코엔矢野芳香園은 이 문제를 역으로 이용해 1908년《도쿄 아사히 신문》에 '여학교의 백분 문제, 왜 여학생의 백분을 금지하는가'라는 제목의 광고를 냈다. 즉 여학교에서 한때 백분이 금지된 것은 납백분의 유해성 때문이며, 대학 백분은 무연이라 화장 금지 문제를 해결할 수 있다고 자사 상품을 강렬하게 선전한 것이다.

야노 호코엔뿐 아니라 메이지, 다이쇼 시대에 발매된 백분과 크림의 선전 문구에는 '통학 때 화장용으로'라고 확실히 적혀 있다. 여학생 대상 잡지《여학세계女學世界》에도 메이지 시대 말엽이 되면 화장법을 알려주는 기사가 늘었다. 이는 여학생의 화장이 사회적으로 인정받았던 증거라고 할 수 있다.

그렇다고는 해도 화장이 진하면 '타락한 여학생'이라고 비난받았기 때문에 어디까지나 옅은 화장이 기본이었음은 말할 필요도 없다.

변하지 않는 입술연지

화장품과 화장법이 조금씩 서구화되던 메이지 시대에 '붉은 화장'인 입술연지만은 에도 시대와 다를 바 없었다. 잇꽃에서 추출한 연지를 작은 종지에 바른 전통적 고마치베니가 주류였기 때문이다. 메이지 시대 말엽에 수입품 입술연지가 소량으로 유입됐지만, 화제가 될 정도는 아니었다.

그 때문에 연지 바르는 법도 에도 시대와 마찬가지로 손가락이나 붓을 사용해 작게 오므린 듯 조그마하게 그렸다. 입술이 두꺼운 사람은 입술보다 작게, 얇은 사람은 색을 진하게 하는 등의 수정법도 에도 시대와 같았다. 단지 에도 시대처럼 녹색의 광택이 날 정도로 진하게 바르지는 않았다.

한편 메이지 시대 말엽이 되면 볼 전용의 '볼연지'가 판매되기 시작했다. 에도 시대에도 볼연지가 유행한 적이 있지만, 사용된 것은 입술연지였다. 그것도 막부 말기에 검소함을 중시하는 덴포 개혁의 영향으로 연지 화장 그 자체를 삼가게 됐다. 볼에 연지를 바르는 화장이 메이지 시대 말기에 다시 주목받은 것은 서구 화장의 영향이 컸다고 생각된다.

메이지 시대 말엽의 볼연지는 수입품도 있었고, 이토 고초엔과 이세한에서 발매된 일본제도 있었다. 미용 서적에 볼연지에 대한 내용은 많지 않았지만, 1906년(메이지 39) 간행된《화장 입문化粧の手引き》에는 '볼 색깔은 하얗기만 해서는 안 되고, 살아 있는 인간에게는 혈색이 중요하니 볼연지가 필요하다'는 등의 볼연지를 추천하는 문장을 찾을 수 있다. 볼연지가 유행한 것은 다이쇼 시대지만, 그 전조는 이미 메이지 시대 말엽에 나타났던 것이다.

에스세틱의 원조, 미안술

서양식 화장의 집대성이라 할 수 있는 것이 메이지 시대 말엽에 화제가 된 '미안술美顏術'이다. 미안술은 크림과 같은 서양식 화장품과 전용 기구를 사용해 종합적으로 피부 관리를 하는, 현재의 페이셜 에스세틱facial aesthetic의 원조라 할 수 있는 미용법이었다.

미안술에 대해서는 요코하마橫浜 야마시타초山下町에서 팰리스 토일릿 살롱을 경영하던 미용사 시바야마 겐타로芝山兼太郎가 처음 도입했다는 설과 도쿄 교바시京橋 다케카와초竹川町에서 미용실을 개업한 미용가 엔도 하쓰코遠藤波津子가 시작했다는 설이 있다. 둘 다 1905년(메이지 38)에 시작했고, 캠블이라는 미국인에게서 기술을 배웠다는 점도 같다.

《호치報知 신문》의 여기자 이소무라 하루코磯村春子는 엔도 하쓰코의 미용실에 취재를 가서 미안술을 체험했다. 이소무라의 저서《요즘 여자今の女》(1913)에 기록된 그 시술 과정을 요약해보자. 당시 미안술은 안락의자에 누워서 행해졌다. 우선 뜨거운 물에 적신 수건으로 얼굴을 따뜻하게 한 후 크림을 바르고 흡입기로 더러운 것을 빨아들였다. 다음으로 고무 솔에 비누를 묻혀 얼굴부터 목까지 문지르고 수건으로 닦아낸다. 그리고 마사지 크림을 바르고 롤러와 함께 손가락으로 피부를 마사지한다. 마지막으로 또 한 번 뜨거운 수건으로 얼굴을 따뜻하게 한 후 물기를 닦아내면 끝이었다. 그 후 고객의 기호에 맞춰 짙거나 옅게 화장을 했다.

이소무라가 "최면 상태라 할 정도였다"라고 감상을 적은 것으

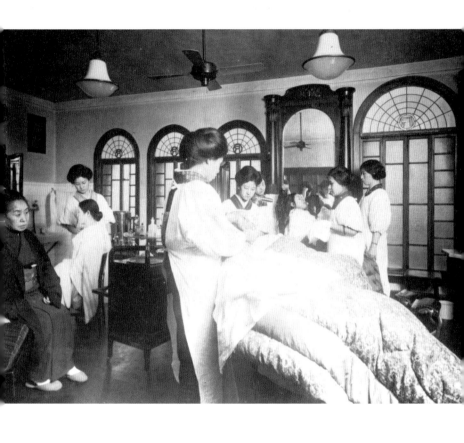

그림 21. 엔도 하쓰코의 미용실에서 미안술을 하고 있는 모습.
주식회사 엔도 하쓰코 미용실 소장

로 보아 굉장히 기분이 좋았던 모양이다. 흡입기 사용, 롤러와 손마사지 등을 구사하여 얼굴을 손질하는 미용법은 그때까지 일본에 없었던 것으로, 미안술은 서양식 첨단 풍속으로 받아들여져 평판이 좋았다(그림 21).

1909년 9월 4일 자《도쿄 아사히 신문》은 "문명개화의 도쿄에 최신 유행 미안술, (……) 아침부터 밤까지 멋을 내고 도심 한복판을 뽐내며 다니니, 진짜 멋쟁이가 아니겠는가"라는 문장으로 미용실의 번성한 모습을 소개한다. 미용실 고객은 정재계의 고위층 부인과 딸, 배우, 게이샤 등 쟁쟁한 이들이었다.

미안술 1회당 가격은 약 40분 코스에 50전이었다. 당시 우동과 소바가 한 그릇에 3전 정도였으니 약 열다섯 그릇에 해당한다. 1회 50전이라는 가격은 서민에게는 대단한 사치였다. 그러나 1~2엔 가격의 수입 화장품을 주저 없이 살 수 있었던 부유층에게는 자고 있으면 몰라볼 정도로 얼굴이 바뀐다는 미안술이 그렇게 비싼 것은 아니었을 것이다.

화장의 주변:
광고, 복장,
머리 모양,
화장 인식

미인 게이샤의 광고

메이지 시대에는 인쇄 기술 발달로 신문이나 잡지 같은 활자 미디어가 대두했다. 1870년(메이지 3)의 《요코하마 마이니치 신문》을 시작으로 메이지 시대 초기부터 일간 신문이 잇따라 창간됐고, 1894년 청일전쟁 발발 이후에는 잡지 창간이 이어졌다. 메이지 30년대(1898~1907) 중반부터는 여성을 대상으로 한 종합 잡지 출판 붐이 일어나 《여학세계》(1901), 《가정의 친구家庭之友》(1903), 《부인화보婦人畫報》(1905), 《부인세계》(1907) 등이 창간됐다.

　중류층 이상의 독자를 대상으로 한 《부인화보》를 예로 들면 1907년 무렵부터 화장품 사용법, 계절별 화장법, 유행하는 머리 모양 등의 미용 관련 기사가 증가했다. 화장품 광고 게재가 본격화한 것도 마찬가지로 이 무렵이다. 메이지 시대 말엽에 미용 관련 기사와 화장품 광고가 증가한 것은 다른 여성 잡지도 마찬가지였다. 신문에도 화장품 광고가 증가했다. 《일본광고발달사日本廣告發達史》(1976)에 따르면 1908년부터 1910년까지 신문에 게재된 화장품 광고 수는 약품 광고에 이어 2위를 차지할 정도였다.

러일전쟁이 승리로 끝난 1905년 즈음에는 군수산업과 주가 폭등으로 돈을 번 벼락부자가 많아져서 일본은 일시적으로 호경기를 맞았다. 생활에 여유가 생긴 여성은 광고나 미용 기사를 비교하며 상품을 선택했을 것이다.

메이지 시대 화장품 광고에는 에도 시대와 마찬가지로 여성에게 인기 있는 가부키 배우가 기용됐고, 메이지 40년대(1908~1912)가 되자 미인 엽서에 등장하는 인기 게이샤가 새로 더해졌다. 광고 모델이 된 게이샤 중에서도 처음으로 이름이 나오는 여성이 아카사카赤坂의 만류萬龍다(그림 22). 1908년 월간지 《문예구락부文藝俱樂部》의 게이샤 사진 콘테스트에서 '일본 100명의 미인' 중 1위로 뽑힌 만류는 같은 해 가오의 전신인 나가세長瀬 상점의 '아카몬赤門 백분', '니하치스이二八水'의 잡지 광고에 얼굴이 실렸다. 1910년에는 '가오 비누'의 포스터와 야노호코엔의 '대학 백분' 광고 모델이 됐다(그림 23). 그녀는 화장품

그림 22. 만류의 미인 엽서.
《부인세계》 1910년 6월호

그림 23. 만류의 백분 광고.
《부인세계》 1910년 6월호

광고 외에도 미쓰코시 오복점(현재의 니혼바시 미쓰코시 본점)과 가부토カブト 맥주 포스터에 기용되는 등 인기 절정이었다.

　게이샤의 기용은 이름을 알리고 싶은 게이샤에게도, 사진 시대에 걸맞은 사실적 여성 모델을 원하던 화장품 회사에도 모두 이득이었다. 이른바 '아마추어' 여성은 거의 외부 활동을 하지 않던 메이지 시대에 엽서 붐에 편승하여 전국적으로 사진이 유통된 유명 게이샤는 시대를 대표하는 미인이 됐고, 현재의 탤런트나 모델과 같은 존재였다.

서양식 의복과 머리 모양

메이지 시대를 통틀어 여성의 화장을 살펴보면 화장의 변화는 빠르지 않은 편이었다. 메이지 시대 초기부터 폐지가 제창된 오하구로 화장과 눈썹 밀기조차 그렇게 간단히 사라지지는 않았다. 종래의 화장 습관 변화에 시간이 걸린 또 하나의 이유는 여성의 옷이 서양식 복장으로 바뀌는 것이 남성에 비해 늦었기 때문이다. 메이지 시대의 여성 패션은 상류층과 부유층 이외에는 메이지 시대 말엽이 되어도 일본 전통 옷 그대로였다.

남성의 경우 단발령이 떨어진 거의 같은 시기부터 관리와 군인을 위한 서양식 제복이 제정되는 등 단발과 서양식 의복이 하나의 세트로 묶여 톱다운 방식으로 서양화가 진행됐다. 그러나 메이지 시대 말엽이 되어도 서민 여성에게는 서양식 의복이 보급되지 않았다. 그것은 당시 서양식 드레스가 현재 가격으로 환산하면 재단 비용까지 합쳐 한 벌에 수십만에서 수백만 엔에 달하는 고가품으로, 상류층이나 부유층이 아니라면 입을 수 없었기 때문이다. 그리고 밖에서 일하는 남성과 달리, 사회 진출 기회가 거의 없던 서민 여성에게 정부가 서양식 의복을 강제할 필요도 없었다. 따라서 전통 옷을 입던 서민 여성이 오하구로 화장과 눈썹 밀기를 앞장서서 그만둘 필요는 없었을 것이다.

의복에 한발 앞서 일반 여성이 서양식 스타일을 받아들인 것은 머리 모양이었다. 1883년(메이지 16)부터 시작된 로쿠메이칸 시대(1883~1887)에 전통적 일본 머리를 변형한 화양절충의 '트레머리束髪'가 고안된 것이다. 로쿠메이칸에서 열린 무도회에서는 정부 고관의 부인과 그 자녀, 춤 요원으로 훈련받은 게이샤가 버슬bustle 스타일 드레스[46]를 입고 익숙지 않은 서양 춤을 추었고, 드레스에 일본식 전통 머리 모양은 어울리지 않기에 '밤 연회 묶기夜會卷き'와 같은 트레머리를 했다.

트레머리는 일본의 전통 머리보다 손쉽게 묶을 수 있다는 장점이 있어 상류층을 중심으로 일시적으로 유행했다. 그러나 로쿠메이칸 시대가 끝난 메이지 20년대(1888~1897)에는 극단적인 서구화 정책에 대한 반동으로 일단 일본 전통 머리로 다시 돌아갔다. 그러다가 다시금 트레머리가 유행할 조짐을 보인 것은 메이지 30년대 후반부터다.

1905년에는 '203고지 상투'라 하여 퐁파두르풍의 트레머리가 전국적으로 유행했다. 러일전쟁의 격전지인 뤼순旅順의 203고지를 함락한 사건에서 따와 높게 묶어 올린 머리를 이렇게 불렀다. 젊은 여성이라면 리본이나 코르사주 등 서양풍 액세서리를 붙이는 것이 첨단 유행이었다. 일반 여성은 머리 모양 같은 가까운 것에서부터 서양식 멋내기를 자기 것으로 만들어 나간 것이다.

그리고 묶어 올린 머리의 대유행과 거의 때를 같이하여 육색 백분과 크림을 조합한 서양식 화장품이 신문과 여성 잡지에 소개됐다. '양풍洋風 화장'이라는 카테고리가 생겨나고, 미용 기사와 광고에 '일본식'과 '서양식' 두 가지가 구별된 시기, 그것이 메이지 시대 말엽이었다.

누구를 위해 화장하는가

정부 주도로 근대화는 진행됐지만, 한편으로 메이지 시대의 수신修身 교과서에는 유교 사상이 강조되어 여성은 가정에서 현모양처가 될 것을 요구받았다. 신구의 가치관이 섞인 메이지 시대에 화장은 사회에서 어떻게 위치 지어졌을까? 문명개화로부터 40년가량 지난 메이지 시대 말엽의 화장 인식을 당시의 미용 서적에서 찾아보자. 1907년 간행된《화장 거울》은 "화장은 여자의 단정한 몸가짐을 위한 것입니다"라는 말로 시작하는데, 그 의의를 다음과 같이 서술했다.

화장에는 두 가지 구별이 있습니다. 자신의 뜻을 만족시키는 화장과 또 하나는 자신을 떠나 다른 사람에게 아름답게 보이려는 화장입니다. (……) 화장의 진정한 의의는 자신의 기호에 맞추기보다는 다른 사람을 만족시키는 데 있습니다.

같은 해에 출판된 《신화장新化粧》도 화장을 "부인이 해야 하는 책무 중의 하나이고, 또한 단정한 몸가짐에 필요한 중요한 것 중의 하나입니다"라고 정의했다. 단정한 몸가짐, 즉 예의이기 때문에 화려해서는 안 된다는 것도 에도 시대와 똑같았다.

그 밖의 미용 서적에서도 '단정한 몸가짐'을 우선으로 했고, '사회에 대한 책무', '아내라면 남편을 기쁘게 할 책임이 있기 때문에', '화장에 주의하지 않으면 다른 사람이 꺼리므로' 등 사회 규범으로, 또는 남편과 주위 사람과의 관계를 원활히 하는 수단으로 화장의 필요성이 이야기됐다. 오하구로 화장과 눈썹 밀기의 제약에서 해방되어 외견상으로는 조금씩 서양식 화장이 받아들여지던 메이지 시대 말엽에도 내용은 에도 시대 그대로였으며, 자신의 기호보다는 다른 사람의 눈을 의식한 화장이 요구됐던 것이다.

그러나 다른 각도에서 보면, 메이지 시대 말엽은 화장품산업이 융성기를 맞이하여 일본에서 만든 서양식 화장품이 보급되는 시기이기도 했다. 신문과 잡지에 여성의 구매욕을 북돋는 화장품 광고가 증가하여 여성 잡지에는 '최신 미모술美貌術', '미인

이 되는 방법'과 같이 아름다워지는 방법을 내세운 기사가 실렸
다. 경제적으로 여유가 있고 치장에 관심이 많은 여성이 서양식
화장과 미안술 등의 새로운 유행에 빠졌던 것도 틀림없는 사실
이다.

거기에는 에도 시대와 마찬가지로 명분이야 어떻든 화장을
즐기는 여성의 모습이 있었다. 그리고 근대화가 가져다준 서양
식 화장이라는 새로운 바람은 다음 시대가 되면 대중화라는 기
류를 타고 더욱 확산되어 여성의 화장 인식을 조금씩 바꾸어 나
갔다.

다이쇼 시대부터
쇼와 시대 전기까지:
서양식 화장의
확대와 전쟁

4

일본식에서
모던으로

전쟁의 빛과 그림자

다이쇼 시대(1912~1926)부터 쇼와 시대 전기(1926~1935)에 걸쳐 사람들의 생활은 점차 풍요로워졌고, 도시를 중심으로 의식주 같은 일상생활 속에 서구식 생활습관이 스며들었다. 이 시기 화장의 큰 특징은 상류층과 부유층이 중심이던 서양식 화장이 서민층 여성에게도 조금씩 퍼져 나갔다는 점이다.

그 이유 중 하나로 화장품산업의 기술력과 생산력이 향상돼 저렴한 가격의 서양식 화장품이 잇달아 발매된 점을 꼽을 수 있다. 《화장품 공업 120년의 발자취化粧品工業一二○年の步み》(1995)에 따르면 1914년(다이쇼 3)의 화장품 생산액을 1909년(메이지 42)과 비교했을 때 5년간 약 38퍼센트나 증가한 것으로 나타나 화장품산업이 급속히 성장했음을 알 수 있다. 게다가 1914년 발발

한 제1차 세계대전에 참전한 일본은 전상에서 밀리 떨어져 있다는 이점 덕에 연합국 상대의 수출이 증가했고, 호경기로 들썩이게 됐다. 급속한 경제발전은 샐러리맨이라 불리는 새로운 중간층을 낳았다. 구매력을 가진 중간층이 늘어나 소비가 대중화되면서 화장하는 여성도 늘어났다.

또 여성의 사회 진출도 서양식 화장의 보급에 힘을 더했다. 다이쇼 시대는 사무원, 전화 교환수, 타이피스트, 버스 안내양 등 여공이나 가정도우미 이외의 다양한 직종에 여성이 진출한 시기다. 일하러 나가는 여성은 몸단장으로 화장할 기회가 늘었고, 경제적으로 자립하여 원하는 화장품을 살 수 있었다. 일하는 여성의 전체 수는 많지 않았지만, 여성 잡지와 화장품 회사는 새로운 시대의 여성에 걸맞은 화장이라고 서양식 화장을 적극적으로 계몽했다. 이러한 경향은 쇼와 시대로 들어서면서 신문, 잡지, 라디오와 같은 대중매체의 발달로 인해 더욱 강해졌다.

서구의 생활 스타일을 적극적으로 흡수하려는 풍조에 먹구름이 낀 것은 중일전쟁이 발발한 1937년경부터다. 다음 해인 1938년 국가총동원법이 내려지자 군수물품 우선의 통제경제가 시작돼 의복이나 머리 모양, 화장과 같은 장식 전반이 정부의 통제하에 들어갔다.

다이쇼 시대부터 쇼와 시대 전기의 화장은 서양식 화장이 확산되던 평온한 발전기와 중일전쟁 이후의 정체기로 크게 나누어볼 수 있다. 이 장에서는 다이쇼 시대부터 아시아태평양전쟁(1941~1945)이 끝나는 시기까지의 화장을 중일전쟁 전후로 나누어 그 명암을 더듬어보려 한다.

진화하는 스킨케어 제품

다이쇼 시대가 되자 히라오 산페이 상점과 모모타니 준텐칸, 이토 고초엔, 나카야마 다이요도 등 당시 유명하던 화장품 회사는 생산 설비의 근대화를 도모해 연구소를 설립하고 피부의학과 향장품학香粧品學을 연구하기 시작했다. 당시 주요 스킨케어 제품은 비누와 가루비누 같은 세안료, 화장수, 크림으로, 품목은 메이지 시대와 그다지 다르지 않았다. 그러나 상품 종류는 메이지 시대보다 훨씬 충실해졌고, 최신 지식과 기술이 투입돼 일본제 화장품이 개발됐다.

개별 상품을 살펴보자. 메이지 시대에 세안용으로 그다지 좋은 평가를 받지 못했던 비누는 다이쇼 시대 초기만 해도 수입품에 뒤처졌지만, 차차 품질이 개선됐다. 그리고 쇼와 시대가 되자 가루비누와 쌀겨 주머니를 대신하게 됐다.

화장수는 지성, 건성, 거친 피부 등과 같이 피부 성질별로 나

뉘거나 유액 타입이 개발되는 등 이제까지 없던 아이디어 상품이 출시됐다. 다이쇼 시대 초기에는 호리고시 요시타로 상점堀越嘉太郎商店의 '호카 액ホーカー液'(1912)과 히라오 산페이 상점의 '레이트 푸드レートフード'(1915)가 '색이 하얘진다'고 하여 특히 인기가 있었다. 시간이 지났어도 하얀 피부에 대한 집착은 여전했다. 수세미외나 오이같이 식물 성분을 배합한 화장수도 인기가 높았다. 대표적 상품 중 하나인 '헤치마코론ヘチマコロン'(1915)은 방물업자인 아마노 겐시치 상점天野源七商店이 판매를 담당했다(현재 발매원은 주식회사 헤치마코론). 헤치마ヘちま(수세미외)와 콜론 cologne(향수)을 합친 이름에서 알 수 있듯이 에도 시대부터 서민이 애용하던 수세미외 물을 근대적 발상으로 상품화한, 즉 화양절충의 화장수였다.

또 1917년에는 시세이도가 '과산화수소 큐컴버過酸化水素キュ─カンバ─'라는 화장수를 팔기 시작했다. 이것은 천연 오이 물에 탈색과 표백 작용을 지닌 과산화수소를 더한, 지금으로 말하면 미백 화장품이었다. 시간이 흘러 쇼와 시대에는 1936년 모모타니 준텐칸이 발매한 '메이쇼쿠 아스트린젠明色アストリンゼン'이 인기 있었다. 이 상품은 모공 수축 효과가 있는 약산성 화장수로, 화장의 지속성이 뛰어났다고 한다.

다이쇼 시대에 들어오면 스킨케어의 또 하나의 주력 상품인

크림의 종류가 다양해진다. 화장 지우는 용도의 콜드크림, 마사지용 크림, 기초화장용 크림, 영양 크림 등 기능별로 세분화됐다. 쇼와 시대에 특기할 만한 상품은 1935년 나카야마 다이요도에서 발매한 '구라부 미신 크림クラブ美身クリーム'이다. 이 크림은 최첨단 연구로 개발된 여성호르몬이 배합되어 "몰라볼 정도로 피부가 젊어진다"라고 거창하게 선전됐다. 이를테면 쇼와 시대 초기의 안티에이징 화장품인 셈이다.

이처럼 다이쇼 시대부터 쇼와 시대 전기에 걸쳐 스킨케어 제품은 현재와 비슷한 구성으로 정리됐다. 이후 각 회사의 연구 개발이 점차 향상돼 과산화수소, 호르몬, 비타민 등 새로운 약효 성분이 상품의 중요한 판매 요소가 됐다. 스킨케어 제품은 이제 서구의 처방을 참고로 한 서양식이 일반화됐다. 최신 과학 기술이 적용된 이러한 상품이 당시 여성의 마음을 사로잡았던 것이다.

속도라는 가치관

메이지 시대에 백분 화장은 납 성분이 들어 있던 것에서 무연으로 바뀌기 시작했고, 그다음 단계로 요구된 것은 간편함이었다. 당시 백분은 크게 납백분, 물백분, 가루백분 세 가지로 구분됐다. 진한 화장에는 잘 무너지지 않는 납백분이, 옅은 화장에는 물백분이 좋다고 이야기됐다. 둘 다 깨끗하게 바르기 위해서는 솔로 백분을 고르게 펴고 나서 가루백분을 덧발라야 하는 수고를 해야 했다.

하지만 메이지 시대 말엽에 소개된 서양식 가루백분 화장은 먼저 기초용 크림을 바른 위에 퍼프로 백분을 툭툭 치고 가루를 닦아내는 간단한 과정이었다. 쇼와 시대가 되자 이런 화장법은 신속하고 자연스럽게 마감되는 화장으로 신문과 잡지에 자주 소개되어 1935년을 전후하여 젊은 여성과 일하는 여성 사이에 유행했다.

또 다이쇼 시대에는 화장 시간 단축을 내세운 새로운 유형의 백분도 나왔다. 초기의 상품은 히라오 산페이 상점이 1918년 발매한 '레이트 메리レート メリー'다. 크림에 백분을 섞어 기초화장과 백분 기능을 하나로 합친 이 상품은 가정주부뿐 아니라 여학생을 포함한 젊은 여성과 직업이 있는 여성을 대상으로 "피부를 매끈하게 만드는 현대적인 1분 화장료", "한 제품으로 1분 안에"라고 선전됐다(그림 24). 쇼와 시대에 들어오면 1932년 시세이도가 '스피드 화장료スピード化粧料'라는 문구를 붙여 '시세이도 크림 백분資生堂クリーム白粉'을 출시했다. 이외에도 많은 회사가 크림과 백분이 일체화된 상품을 발매했다.

다이쇼 시대부터 쇼와 시대 전기에 걸쳐 전기와 가스, 상수도

그림 24. '레이트 메리' 광고(1924), 《히라오 산페이 상점 50년사》(1929).
일반재단법인 일본장업회 日本粧業會 도판 제공

등이 서서히 정비되면서 사람들의 생활이 점점 편리해졌다. 근대화는 생활 속의 다양한 활동이 빨라짐을 의미했고, 따라서 상품 광고에서도 속도가 키워드였다. 직업을 가진 여성이 증가하는 와중에 시간이 드는 백분 화장에도 간편함과 속도가 요구됐는데, 이는 시대를 반영한 결과였다.

다색화하는 백분

메이지 시대 말엽에 화제가 된 육색 백분도 다이쇼 시대가 되면 더욱 개량된다. 육색과 하양 정도였던 백분 색깔은 1917년 시세이도가 가장 먼저 하양, 장미색, 모란색, 육황肉黃색, 노랑, 초록, 자주의 일곱 가지 색으로 구성된 '7색 가루백분七色粉白粉'을 판매하면서 다채로워졌다. 다이쇼 시대 후기에는 다른 회사도 속속 색 종류를 늘려 나갔다.

흥미로운 점은 메이지 시대에 쓰이던 육색이 다이쇼 시대부터 쇼와 시대 초기에 이르는 동안 '피부색'으로 바뀌었다는 것이다. 화장품 회사가 서양처럼 피부색을 의식하게 됐고 그것이 명칭에 반영됐기 때문이라고 생각되지만, 확실한 이유는 알 수 없다.

쇼와 시대가 되자 '건강색', '진한 피부색', '황토색ocre'과 같은 짙은 색이 추가됐다. '백분은 하양'이라는 전통 미의식에 '피부색'이 끼어든 배경에는 여성의 생활이 이전과 비교해 활동적이 됐기 때문이다.

다이쇼 시대부터 쇼와 시대 초기에 정부는 일본인의 건강한 몸 만들기 정책을 추진했다. 이는 근대화의 일환으로, 서양인에게 뒤떨어지지 않는 일본인의 체형을 목표로 하는 것이었다. 고등여학교에서는 다이쇼 시대 중기부터 체육을 장려해 테니스나 수영을 수업에 도입했다. 다이쇼 시대 말기부터는 여름철 해수욕이 유행하게 됐고, 여성미에 '건강미'라는 새로운 기준이 더해진 것도 이 시기부터다.

피부색 백분 사용은 서양식 복장에 어울리는 화장으로, 그리고 사회에 나가 일하며 태양 아래서 스포츠를 즐기는 활동적인 근대 여성을 상징하는 화장으로 젊은 여성을 중심으로 유행하기 시작했다. 다만 1945년 이전까지는 일본 전통 옷을 입는 여성이 다수였고, 나이가 든 여성은 친숙한 하얀 백분을 애용했기 때문에 하양은 여전히 백분의 대표 색으로 화장품 회사의 목록에 들어 있었다.

앞서가는 모던 걸

다이쇼 시대부터 쇼와 시대 전기는 서구의 영향을 받아 일본 여성의 패션이 일본식에서 서양식으로 바뀌어가는 과도기였다. 본보기가 된 서구 선진국에서는 20세기 초반부터 1930년대에 걸쳐 패션이 크게 변화했다. 1906년 '모드의 제왕'이라 불린 폴 푸아레Paul Poiret가 코르셋을 착용하지 않는 드레스를 발표한 것을 계기로 서구 여성은 몸을 조여서 움직이기 힘든 드레스에서 해

방됐다.

　제1차 세계대전(1914~1918)이 발발하자 유럽 남성은 전장에 나갔고, 여성은 후방을 견고히 하기 위해 사회에 진출해 일했다. 긴 머리를 묶어 올리는 것조차 거추장스러워 싹둑 자른 보브 헤어커트 스타일의 여성이 나타난 것은 이즈음이다. 1925년경에는 서서히 짧아지던 스커트 길이가 무릎까지 올라오는 등 몸을 움직이기 쉬운 실용적 패션이 유행했다. 보브 헤어커트와 양장 차림이 일본에서 풍속 현상으로 화제가 된 것은 1923년 발생한 간토關東 대지진 이후였다. 하지만《요미우리 신문》기자 모치즈키 유리코望月百合子가 1919년 일본 전통 옷보다 일하기 쉽다는 이유로 쇼트커트에 양장 차림을 했다 하니 쇼트커트와 양장 차림은 조금 더 일찍부터 시작된 것 같다.

　간토 대지진 이후 복구 기간을 거치면서 도쿄는 사회의 기반 시설이 정비된 근대 도시로 거듭났다. 이때 등장한 것이 쇼트커트와 양장 차림을 한 첨단 패션의 '모던 걸'이다. 모던 걸은 다이쇼 시대 말기부터 쇼와 시대 초기에 걸쳐 도시 문화를 상징하는 존재였고 패션 리더였다. 다이쇼 시대 말기에 양장한 여성이 어느 정도 희귀했는지는 민속학 연구자인 곤 와지로今和次郎가 1925년 실시한 복장 조사를 통해 짐작할 수 있다. 모던을 체현하는 거리 긴자에서조차 통행인 중 여성의 양장 비율은 남성의

67퍼센트에 비해 고작 1퍼센트에 지나지 않았다. 다이쇼 시대 말기는 아직 쇼트커트 여성이 남의 시선을 의식하지 않을 수 없는 시기였고, 모던 걸 옷차림을 하기 위해서는 가족과 세상 사람의 비판에도 굴하지 않을 만한 강한 의지가 필요했다.

최초로 쇼트커트와 양장 차림을 한 이들은 서구 사회를 경험하고 돌아온 상류층 여성과 다이쇼 데모크라시大正デモクラシ[47] 교육을 받아 진보적 사상을 가진 여성 그리고 예술가였다. 긴 머리를 묶을 필요가 없고 활동하기 편한 이 패션은 몇 년 지나지 않아 직업을 가진 여성과 카페의 여급, 유행에 민감한 여성 사이에 퍼져 나갔다.

모던 걸 중에는 최첨단 서양식 화장에 도전한 이도 있었다. 가는 눈썹, 진하게 바른 볼연지와 입술연지, 아이섀도 등 일본의 전통 화장과는 전혀 다른 서양식 화장은 보수적인 이들의 맹렬한 비난을 받았다. 그러나 화장의 서양화는 이러한 비난 속에서도 서구의 모던한 화장을 체현한 여성의 등장으로 진행됐다 해도 과언이 아니다. 최첨단 화장을 한 그녀들은 '바른 몸단장'이나 '다른 사람의 시선'을 제일로 생각하는 전통적 화장 인식에서 벗어나 '개성미'라는 자유로운 자기표현을 향해 한발 앞으로 나아갔고, 후대 여성의 모범이 됐다.

그림 25. 고바야시 가이치小林かいち, 〈2호 거리의 여자二號街の女〉,
이카호 호시나 미술관伊香保 保科美術館 소장

건강미와 볼연지

이제 모던 걸이 하던 새로운 서양식 화장을 차례로 살펴보자. 메이지 시대 말엽 피부색 백분을 사용한 서양식 화장이 들어왔다는 사실은 앞에서도 언급했지만, 다이쇼 시대부터 쇼와 시대 전기에 걸쳐서는 볼·입술·눈썹·눈에도 서구식의 포인트 화장을 하는 것이 새로운 유행이 되어 퍼졌다(그림 25).

포인트 화장 중 가장 먼저 퍼진 것은 볼연지를 칠하는 것이었다. 메이지 시대 말엽부터 일본제 볼연지가 생산되기 시작했는데, '얼굴을 건강해 보이게 하는 화장'이라 하여 비교적 단기간에 일반에 보급됐다. 다이쇼 시대 전기에 해당하는 1914년 '구라부 볼연지'가 나왔고, 1917년 '레이트 볼연지'와 '오페라 볼연지' 등이 발매됐다(그림 26).

볼연지 보급이 빨랐던 이유는 전통적 빨간 화장의 연장선상에서 받아들여졌고, 당시 유행하던 '건강미'를 더하는 화장으로 소개됐기 때문이다.

당시 볼연지와 관련해서 흥미로운 일화가 하나 있다. 1917년 오페라 볼연지를 발매한 나카무라 신요도中村信陽堂는 이를 주력 상품으로 삼아 3년 후인 1920년 오사카에 진출했다. 도쿄보다 오사카나 교토 여성의 화장이 화려하고, 특히 입술연지와 볼

그림 26. '건강색'을 강조한 '구라부 볼연지' 광고.
《요미우리 신문》 1916년 11월 25일 자

연지 같은 화사한 상품은 유행이 빠르고 소비량이 많았기 때문이다. 에도 시대에도 화장은 에도보다 오사카나 교토 여성이 진하게 했고, 이는 시간이 흘러도 변하지 않았다. 오늘날 역시 도쿄보다 오사카 여성의 화장이 화려하고 진한데, 이는 화장품 회사의 조사로도 확인된다. 일본식에서 서양식으로 화장이 변했어도 화장의 농담濃淡과 관련한 일본 동부와 서부의 서로 다른 미의식은 면면히 지금까지 이어지고 있는 것이다.

쇼와 시대가 되자 볼연지는 하나의 아이템으로 완전히 정착했다. 색 종류도 늘었고, 미용 기사에서는 연령·피부색·얼굴 모양에 따라 어울리게 바르는 법과 시간·장소·상황에 따른 사용법 구분이 자세히 소개됐다.

립스틱의 등장

입술연지도 다이쇼 시대에 들어오면 상품 자체와 바르는 법에서 커다란 변화를 맞는다. 먼저 상품의 변화란, 현재와 같이 원통 형태의 용기에 들어 있는 서양식 립스틱이 일본에서 생산되기 시작한 것을 말한다. 일본 최초의 립스틱은 나카무라 신요도가 1918년 발매한 '오페라 입술연지オペラ口紅'다. 발매 초기에는 원통 부분이 두꺼운 종이 재질이었고, 립스틱의 유분이 스며들지 않도록 양초가 발라졌다.

발매 당시 일본인에게는 기존의 입술연지가 더 어울린다는 말이 많았지만, 다이쇼 시대 말기 즈음에는 일본제도 늘어나 서양식 립스틱을 일반 여성도 사용하게 됐다. 작고 휴대하기 쉬운 형태라는 점과 더불어 색깔도 고마치베니처럼 빨강 단색이 아니라 오렌지, 로즈, 투 톤(원래 색은 오렌지지만, 바르면 입술 수분에 반응하여 분홍으로 발색하는 타입)과 같이 다양한 점도 여성에게 큰 매력으로 작용했다.

입술연지를 바르는 방법도 다이쇼 시대 말기에 오면 바뀌었다. 1926년 간행된《얼굴을 바꾸는 화장 방법顔をかへるお化粧の仕方》에는 다음과 같은 내용이 나온다.

> 일본에서는 오랫동안 입술연지를 입술 모양보다 작게 바르는 것을 좋다고 했지만, 최근 서구식 화장의 유행으로 젊은 사람은 작게 바르지 않고 입술 형태 그대로 조금 옅고 넓게 바르는 풍조가 있습니다. (……) 얼핏 보면 이상한 입술로 보이지만 익숙해지면 괜찮습니다.

'이상한 입술'이라고 했지만, 입술 모양을 따라 옅고 폭넓게 바르는 서양식 화장법이 다이쇼 시대 말기부터 유행하기 시작했음을 알 수 있다.

쇼와 시대가 되자 양장에 서양식 화장을 할 때는 입술 모양대로 바르고, 일본 전통 옷에 짙은 화장을 할 때는 입술보다 작게 바르는 등 복장에 맞추어 립스틱 바르는 법을 달리했다. 물론 멋쟁이 여성 중에는 일본 전통 옷 차림에 입술 모양 그대로 립스틱을 바르는 사람도 있었다.

곤 와지로의 지도 아래 행해진 1937년의 패션 조사에 따르면 여성의 양장 비율은 긴자에서 25퍼센트였다. 다이쇼 시대 말기의 1퍼센트보다는 증가했지만, 아직 일본 전통 옷의 3분의 1 수준에 지나지 않았다. 일상생활에서 일본 전통 옷과 양장 차림이 공존했던 이 시대에는 화장도 화양절충이었다.

할리우드 여배우를 모방한 얇은 눈썹

볼과 입술에 이어서 눈썹 화장을 살펴보자. 다이쇼 시대에는 일반적으로 면도칼과 눈썹먹을 이용해 눈썹을 정돈하는 정도였지만, 다이쇼 시대 말기부터 쇼와 시대 초기까지는 '끄는 눈썹引眉毛'이라는 서양식 눈썹 화장이 모던 걸 사이에서 유행했다(그림 27).

1924년(다이쇼 13) 간행된《화장 미학化粧美學》은 눈썹 유행에 대해서 다음과 같이 서술했다.

> 최근 눈썹을 가늘게 밀고 눈썹먹을 가지고 먼저 거의 일직선이 되게 미간을 좁히고 눈썹 꼬리를 길게 끌듯이 그리는 것이 젊은이 사이에서 유행하고 있습니다.

다시 말하면 눈썹을 선처럼 가늘게 민 다음, 눈썹먹을 사용해

그림 27. 쇼와 시대 초기의 모던 화장. 이 여성은 눈가 화장을 했고 속눈썹을 붙였다.
또 눈썹을 관자놀이까지 길게 그렸고, 립스틱을 입술 모양대로 옅고 넓게 발랐다.
해리 우시야마ハリー牛山,《모던 화장실モダン化粧室》, 1931, 국립국회도서관 소장

그림 28. 1933년 당시 메이 우시야마와 전발電髮(파마) 기구.
학교법인 메이 우시야마 학원メイウシヤマ學園 사진 제공

눈썹 사이를 좁히고, 눈썹 꼬리 쪽을 관자놀이 가까이까지 길게 늘여 그린 것이다.

1927년 9월 27일 자《요미우리 신문》에는 "영화계 인기 배우 클라라 보Clara Bow처럼 가는 실 같은 눈썹이 작년 말부터 유행하여 모던을 좋아하는 사람이 많이 했지만, 최근에는 조금 두꺼워졌습니다"라는 내용의 글이 실렸다. 클라라 보는 할리우드의 인기 여배우로, 눈썹을 관자놀이 근처까지 가늘고 늘어지게 그렸다.

화장을 비롯해 머리 모양과 양복 등 당시의 패션 전반에 큰 영향을 준 것은 다이쇼 시대부터 서민층의 오락이 된 영화였다. 당시 할리우드에서는 맥스 팩터Max Factor가 촬영용 아이섀도와 속눈썹, 립글로스 등을 개발했고, 미용 자문가로도 활약하여 여배우의 개성과 매력을 끌어냈다. 그는 미국의 화장품 회사 맥스 팩터의 창립자이기도 하다.

할리우드 영화는 일본에서도 인기가 있었고, 상당히 많은 작품이 상영됐다. 클라라 보와 마를레네 디트리히Marlene Dietrich의 가는 눈썹과 입술 화장, 그레타 가르보Greta Garbo의 눈 화장 등 스크린 속 인기 여배우의 화장은 일본에서 여배우와 모던 걸에 의해 모방됐다. 미용가인 메이 우시야마〆イ牛山도 그런 모던 걸 중의 하나였다(그림 28). 긴자에 있던 할리우드 미용 강습소에서

공부하던 그녀는 수련 시절인 1932~1933년경 일이 끝나면 매일 외국 영화를 보러 영화관에 다니며 화장과 머리 모양, 패션을 연구했다. 텔레비전이 없던 시절 영화는 해외의 최신 유행을 알려주는 최고의 교과서였다.

눈가를 칠하는 아이섀도

서양식 화장이 유행하기 시작했다고는 해도 좀처럼 확산되지 않는 화장도 있었다. 그것은 아이섀도를 사용하는 눈 화장이었다. 《멋의 문화사おしゃれの文化史》(1988)에 따르면 1924년 당시 잡지에서 "긴자에 눈가를 푸르게 칠한 여성이 출현했다. 전대미문"이라고 했다 하니, 당시 사람은 아마도 기발한 화장이라고 생각했던 모양이다.

아이섀도 화장이 여성지에 소개되기 시작한 것은 다이쇼 시대 말기로, 당시에는 아이섀도가 아니라 '눈 칠하기' 또는 '눈 채색', '눈가를 먹으로 그리기' 등으로 표현되어 아이라인과 구별하기 어려웠다.

눈꺼풀과 눈가에 색을 바르는 아이섀도에는 하양, 빨강, 검정의 전통 화장 색과는 다른 파랑과 녹색이 들어 있어 다이쇼 시대 말기에는 미용가도 사용하기를 주저했다. 예를 들면《부인화보》

1월 호(1925)에서 미용가인 하야미 기미코早見君子는 '눈 채색'을 남색으로 했더니 서양인을 모방한 것일 뿐이어서 일본인에게는 그다지 효과가 없었다고 서술했다.

다이쇼 시대 말기부터 쇼와 시대 초기까지는 아이섀도에 해당하는 상품이 매우 적었고, 수입품이 조금 사용되는 정도였다. 당시 아이섀도를 사용한 사람은 수입품을 살 수 있는 유복한 극소수의 여성이었다.

일본제로는 1931년 시세이도가 '눈가를 칠하는 화장'으로 먹색, 흑갈색, 녹색, 하늘색 등 여섯 가지 색으로 구성된 '시세이도 아이리드 섀이드資生堂アイリッドセイド'를 발매했다. 이 상품의 매출은 그다지 좋지 않았지만, 시세이도는 1933년 '음영이 있는' 화장을 내세우며 '그리스 섀도グリースシャドー'라는 아이섀도를 또 발매했다.

한편 《요미우리 신문》과 《도쿄 아사히 신문》에 '아이섀도'라는 단어가 나타나는 것은 전자가 1931년이고 후자가 1932년으로, 딱 일본제 아이섀도가 등장하던 시기다. 1933년 1월 7일 자 《도쿄 아사히 신문》에 〈1933년 눈에 띄는 첨단 화장품〉이라는 기사가 실렸다. 아이섀도는 뷰러, 속눈썹용 화장품(따뜻한 물에 녹여 솔로 바르는 고체 마스카라), 붙이는 속눈썹 등과 함께 소개됐고, 청색·하늘색·녹색·갈색 등 10여 종이 있었다. 구색이 어느 정도 갖

취진 것으로 봐서 이때부터 눈 화장이 주목받은 것으로 보인다.

당시 아이섀도는 눈을 커 보이게 하고 얼굴에 음영을 만들어 입체적으로 꾸며주는 화장품으로 소개됐다. 하지만 '청색과 녹색은 일반인이 바르면 품위가 없다'라든가, '눈이 들어간 사람이 바르면 더욱 들어가 보인다'라는 등 아이섀도를 비판하는 의견도 많았다. 그런 탓이었는지 볼연지나 입술연지와 달리 1945년 이전까지 아이섀도는 유행에 민감한 사람만이 사용했다.

서구의 화장품은 일본의 전통 화장품과 비교해 볼연지, 립스틱, 아이섀도, 눈썹먹처럼 부위별로 구분되고 색 종류도 많았다. 그리고 서구의 화장은 색 조합과 그리는 방법에 따라 타인과 다른 화장을 할 수 있는 자유도가 높았다. 그 때문에 서양식 화장이 적극적으로 계몽되던 1935년경에는 '개성미'와 '그 사람에게 맞는 화장'과 같은 말이 여성 잡지 등에서 흔히 쓰였다.

이처럼 화장에 대한 인식은 자신의 기호보다 다른 사람의 눈을 우선시하는 메이지 시대의 획일적인 화장에서 서구의 개성을 중시하는 화장으로 점차 변해갔다. 그러나 일반인이 자유로운 화장에 익숙해지려는 단계에 이르러 일본은 전시 체제에 돌입했다. 그 결과 서양식 화장의 보급은 어중간한 상태에서 중단되고 말았다.

대중매체와 미용 정보

일반인이 화장품과 미용 지식을 얻는 창구는 부모나 친구 사이의 입소문 또는 판매점의 상품 설명 등을 통해서였다. 또 화장품 회사와 저명한 미용가의 미용 강습회가 전국 각지에서 열려 최신 화장법과 머리 묶는 법 등이 시연됐다. 전국 규모의 미디어로는 부수를 늘려 독자층을 넓혀 나간 신문과 여성 잡지, 앞서 언급한 대중문화의 총아인 영화도 큰 영향을 미쳤다.

여성 잡지 중에서도 다이쇼 시대에 창간된《주부의 친구主婦之友》와《부인 구락부婦人俱樂部》는 1935년경 발행 부수가 100만 부를 넘을 만큼 여성의 생활 지침서로 널리 애독됐다. 따라서 이러한 잡지에 게재된 미용 기사와 화장품 광고는 서양식 화장의 대중화에 크게 영향을 미칠 수밖에 없었다.

다이쇼 시대 말기에는 새로운 미디어로 라디오가 등장했다. 1915년 3월 라디오의 시험 방송이 시작됐고, 7월부터는 도쿄 시바芝의 아타고산愛宕山에서 본 방송이 시작됐다. 다음 해 4월 미용가인 엔도 하쓰코는 '꽃놀이 때의 화장과 옷 입기'라는 주제로 라디오 강연을 했다. 당시에는 수신기가 비싸서 라디오 보급률이 낮았지만, 라디오 방송 초기부터 화장은 프로그램으로 다루어졌다.

대중매체의 발달로 도시에서 유행하는 것은 곧바로 지방으로 전달됐다. 그 결과 쇼와 시대에는 도쿄와 지방 간의 화장 문화 격차가 상당히 줄어들었다. 1936년 간행된《방물 화장품 연감小間物化粧品年鑑》에는 전국을 돌며 미용 지도를 하던 구라부 화장품 강연부 담당자의 말이 실려 있는데, 그에 따르면 신문과 잡지, 그 밖의 선전 활동으로 화장에 대한 정보가 널리 퍼져서 지방 사람도 금세 화장에 능숙해졌고, 그리하여 홋카이도에서 규슈에 이르기까지 도쿄와 그다지 다를 바가 없었다.

화려한 선전 전쟁

1910년대부터 1930년대 중반까지 화장품 업계는 고객을 유치하기 위해 선전 활동에 힘을 기울였다. 통상적 상품 광고뿐 아니라 호화로운 경품과 연극 또는 오페라 초대권을 내건 이벤트, 각지에서 개최된 미용 시연 그리고 이목을 끄는 대규모 행사를 벌였다.

예를 들면 구라부 브랜드의 나카야마 다이요도는 1913년 일본에서 처음으로 기구氣球 광고를 했다. 기구에 광고를 매달아 도쿄 니혼바시 상공에 띄운 것이다. 기구 광고는 다음 해에 레이트의 히라오 산페이 상점과 모리시타 진탄森下仁丹에서도 도입했다고 하니, 상당히 화제가 됐던 모양이다. 나카야마 다이요도는 비행기에서 광고 전단지를 뿌리거나 당시 드물던 외제 차로 가두선전을 하는 등 사람들을 놀라게 하는 선전을 연달아 기획했다.

헤치마코론을 판매했던 아마노 겐시치 상점은 쇼와 시대 초기에 도쿄 마루노우치丸の内에서 외제 차인 쉐보레를 이용해 '헤치마코론 택시'를 운영했다. 하지만 이 광고 택시는 업계의 압력으로 고작 3개월 만에 멈춰 서고 말았다. 또 아마노 겐시치 상점은 1931년 '헤치마는 춤춘다ヘチマは躍る'라는 제목의 광고 영화를 제작하는 등 독특한 선전 활동을 전개했다.

이밖에도 이토 고초엔은 가부키와 제휴하여 오토와야音羽屋 소속 배우가 출연하는 작품 관람회를 개최했고, 모모타니 준텐도는 니시진西陣의 비단, 사진기, 라디오 세트와 같은 호화 경품을 내건 행사를 기획하는 등 유명 화장품 회사는 서로 경쟁하듯 규모가 큰 선전 전쟁을 치렀다.

이때 화장품 광고의 새 얼굴은 여배우였다. 에도 시대 초기에는 막부가 풍기문란을 이유로 여배우의 등장을 금지했는데, 이후 다시금 여배우가 공적인 무대에 선 것은 메이지 시대부터다. 1908년 가와카미 사다얏코가 양성소를 개설해 본격적인 여배우 양성에 들어갔고, 1911년 제국극장이 개관하자 인기 있는 이 극장 여배우가 광고나 미용 기사에 등장하기 시작했다. '오늘은 제국극장, 내일은 미쓰코시'가 유행어가 된 다이쇼 시대에는 모리 리쓰코森律子, 무라타 가쿠코村田嘉久子와 같은 제국극장 여배우와 마쓰이 스마코松井須磨子와 같은 신극 여배우가 신문이나 잡지의 미용 기사와 화장품 광고를 장식했다.

쇼와 시대에 들어오자 영화사와 화장품 회사 간의 제휴로 미즈타니 야에코水谷八重子, 오이카와 미치코及川道子, 이리에 다카코入江たか子, 마쓰이 지에코松井千枝子처럼 시대를 대표하는 은막의 스타가 화장품 광고의 주역이 됐다.

전시하의
통제 시대

사치 규제

1931년 만주사변을 계기로 일본은 전쟁의 길을 걸었다. 그렇다고는 해도 처음에는 일본이 승리를 거두는 분위기라 사람들의 생활에 절박함은 없었다. 화장품 회사가 경쟁사를 뿌리치기 위해 활발한 선전 활동을 전개할 수 있었던 것도 일본 내에서는 평온한 생활이 유지됐기 때문이다. 1933년 《도쿄 아사히 신문》을 보면 미용가 맥스 팩터의 제자가 할리우드에서 일본으로 건너와 각지를 돌며 미용 강습을 했다는 기사가 나온다. 이때만 해도 미국의 미용가를 초청하여 기술 교류를 했던 것이다. 또 신문과 잡지에서도 해외특파원을 통해 서구의 최신 패션과 미용 정보가 소개됐다.

전쟁 분위기는 1937년 7월 중일전쟁이 발발하면서 무르익어갔다. 같은 해 10월 무역 통제가 실시돼 외국산 화장품과 향료 수입이 금지됐다. 1938년에는 전쟁 비용을 확보하기 위해 화장품에 물품세가 부과됐다. 처음에는 10퍼센트였던 것이 시간이 갈수록 계속 높아져서 태평양전쟁이 시작된 1941년 12월에는 50퍼센트, 전쟁 말기인 1944년에는 120퍼센트까지 뛰어올랐다.

1938년 4월 정부가 국민의 경제 활동을 통제하는 국가총동원법이 공포됐다. 이해에는 면제품 제조와 판매가 규제 대상이 되어 인조섬유와 같은 조악한 대용품밖에 쓸 수 없었다. 1939년 7월에는 국민정신총동원위원회가 국민 생활 쇄신안으로 '남학생의 장발 금지, 부녀자의 파마와 화사한 화장 금지'를 결정했다. 이 결정에 법적 구속력은 없었지만, 자숙이라는 이름하에 자율 규제가 요구됐다.

파마permanent wave는 서구에서 들어온 기법으로, 머리털에 전열기로 열을 가하기 때문에 '전발電髮'이라고도 했다. 일본제 파마 기계가 보급되기 시작한 1935년경부터 도시 여성을 중심으로 유행했다. 그러나 전쟁의 영향으로 미국, 영국과 관계가 악화되자 외래 풍속이 적대시되어 파마도 규제 대상이 됐다. 1939년경에는 도쿄에 '파마를 그만두자'라는 입간판이 등장했다. 이어서 1940년에는 사치품을 추방하는 '7·7금령'이 발령되어 화장품 가운데 정가 5엔 이상의 향수는 판매가 금지됐다.

군수품 우선의 전시하에서 의복이나 화장, 머리 모양 등 몸치장과 관련된 분야는 불요불급不要不急한 것으로 간주되어 다양한 규제의 대상이 된 것이다.

단정한 화장으로 회귀

규제를 받는 전시하의 화장은 어땠을까? 의외라고 생각되겠지만 1938년부터 1942년까지(조금 감소한 1941년을 제외하면) 화장품 생산 실적은 증가했다. 원재료가 부족하고 규제도 있었지만, 화장품은 여전히 생산됐고 여성은 계속 화장을 했던 것이다. 하지만 서양식 화장이 제창되던 1935년경과는 완전히 다르게 다시금 '단정한 몸가짐'을 중시하는 옅은 화장으로 회귀했다.

1939년 2월 15일 자《요미우리 신문》은 중일전쟁 중이어도 화장품 매상은 늘었는데, 특히 백분·크림·화장수·포마드·비누·치약과 같이 '몸가짐을 단정히 하는 데 늘 쓰이는 실용성 화장품이 많이' 팔렸다고 보도했다. 한편 1923년부터 유행 조짐을 보였던 아이섀도 관련 기사는《요미우리 신문》1938년 5월 19일 자를 마지막으로 패전 때까지 나오지 않는다. 비판을 많이 받았던 아이섀도는 화려한 화장으로 간주되어 일찌감치 지면에서 모습을 감춘 것으로 보인다.

1941년 1월 20일 대정익찬회大政翼贊會 산하의 '신여성미 창정 연구회新女性美創定研究會'가 전시기에 어울리는 새로운 여성미의 기준을 발표했다. '익찬형 미인'이라 불린 새로운 미인상은 가는 허리의 마른 형 미인이 아니라, '낳아라! 늘려라!'라는 국책 구호에 걸맞은 다산형의 다부진 여성이었다. 익찬형 미인이라면 지켜야 할 열 가지 규칙이 있었다. 그중 첫 번째는 '얼굴과 몸매의 아름다움, 그것은 꾸미지 않은 자연미로부터' 오는 것, 다섯 번째는 '얼굴색 반들반들, 그을린 피부를 자랑'하는 것이었다. 이런 규칙은 얼핏 보면 화장하지 말라는 것처럼 들리지만, 실은 그렇지 않았다.

《아사히 신문》은 4일 후인 1월 24일 '익찬형 미인'을 기사화했다. 기사는 익찬형 미인에 어울리는 화장도 언급했는데, 화장을 진하게 만드는 크림형 백분 대신 가루백분이나 물백분으로 바꿀 것, 잠들기 전에는 콜드크림으로 맨살을 정돈할 것 등의 내용이었다. 여성미의 기준이 어떻든지 옅은 화장이라면 문제가 없었던 것이다.

왜 옅은 화장은 인정됐을까? 단서는 1941년 4월 문부성이 발행한 《예법 요항禮法要項》이라는 소책자에서 찾을 수 있다. 일상 생활에서 국민이 지켜야 할 예법을 기술한 이 책자에는 "화장은 눈에 띄지 않을 정도로 한다. 특히 너무 꾸미는 것은 좋지 않다"

라는 문장이 나온다. 화장이 여성에게 필수불가결한 예의라는 전통적 미의식은 전쟁 중에도 예법 속에 굳건히 살아 있었던 것이다.

같은 해 12월 8일 미국이 참전하여 태평양전쟁이 발발했다. 초기 승리에 들썩이던 1942년에도 유명 브랜드 화장품은 이미 재고 부족 상태였고, 1943년이 되자 생산되는 화장품 품목은 크림과 유액, 가루백분 정도로 한 손에 꼽을 만큼 줄어들었다.

전쟁 분위기를 반영한 광고

1937년 중일전쟁이 시작되자 화장품 업계는 원재료를 확보하는데 고생은 했지만, 재고를 쓰거나 대용품을 고안해내 매상을 올렸다. 그러나 이전과 같은 화려한 선전과 판촉 활동은 자취를 감추었고, 사회 분위기에 눌려 조심하는 분위기가 조성됐다. 이는 상품 광고만 봐도 여실히 드러난다.

1940년 9월 화장품영업단속법에 광고 규제 조항이 더해졌다. 당국은 화장품 업계에 경박해지지 않도록, 또 여배우의 사진을 사용해 화사해 보이지 않도록 조심할 것을 요구했다. 결과적으로 화장품 광고에서 화려함이나 사치를 연상시키는 표현은 점차 배제됐고, 대신 '건강미', '간소미', '검소', '단정함'과 같이 전시하

働く事は

婦人の義務です。戦ふ現地も、生産する国内も、共に第一線です。お肌はレートクレームに任せて。大いに働きませう。

ムーレクトーレ

그림 29.《부인화보》1942년 6월호

おめかしなど以ての外の時代であればこそ、尚更紋章使って健康美、一點張りの飾らぬ素肌美をつくりませう

本紀代理店に在り

ムーリク顔洗　草紋

그림 30.《부인화보》1942년 6월호

一機でも多くの飛行機を前線へ

アイデアル化粧品

東京　高橋東洋堂

그림 31.《부인공론》1943년 9월호

의 화장은 이래야 한다는 이념과 전의戰意를 고양하는 문구가 전면에 내세워졌다(그림 29, 30, 31).

1941년부터는 신문과 잡지에서 미용 기사가 아예 사라졌다. 하지만 이해에는 세안료, 크림, 백분 등 기초화장품과 볼연지나 립스틱 같은 포인트 화장품 광고는 아직 게재됐다.

신문과 잡지의 원재료인 펄프는 수입에 의존했기 때문에 용지의 전면적 통제로 주요 신문의 면수는 1941년 조간과 석간을 합해 10면을 넘지 못하게 됐고, 그 후로도 계속 감소했다. 용지가 부족해지면서 잡지도 1943년 이후에는 현저히 얇아져 화장품뿐 아니라 광고 전반이 줄어들었다.

일본군이 과달카날섬[48]에서 철수한 1943년 정부는 의생활 간소화를 결정했다. 이에 따라 대일본부인회는 '결전입니다! 곧바로 소매를 잘라주세요!'라는 내용의 전단지를 배포했다. 이때는 근로 동원된 공장에서 일하는 여성을 대상으로 한 크림과 백분 광고는 찾을 수 있지만, 그 광고란은 매우 작았다. 《아사히 신문》과 《요미우리 신문》에 유명 화장품 회사인 히라오 산페이 상점의 '레이트'와 나카야마 다이요도의 '구라부' 브랜드의 상품 광고가 게재된 것은 1943년까지였다. 1944년이 되자 두 신문에서 화장품 광고는 거의 모습을 감추었다. 《주부의 친구》와 인기를 양분한 여성 잡지 《부인 구락부》에서도 1944년 1월호를 마지막으로 화장품 광고가 사라졌다.

이런 와중에 예외라 할 수 있었던 것이 이토 고초엔이었다. 이토 고초엔은 패전한 해인 1945년 5월까지 '파피리오' 브랜드 광고를 《아사히 신문》과 《요미우리 신문》에 냈다. 하지만 광고 문구가 "모략전도 이겨내자, 파피리오", "싸우는 1억, 파피리오"와 같이 화장품 이미지와는 동떨어진 국책 협력 광고로 변질됐다.

화장의 공백기

《화장품 공업 120년의 발자취》에 따르면 1944년 화장품 생산량은 전년 대비 약 78퍼센트, 1942년과 비교하면 60퍼센트 이하까지 떨어졌다. 상품 가짓수를 줄이고 원재료 부족을 대용품으로 보충하는 방책도 한계에 도달했다. 1944년경 화장품 광고가 사라진 이유 중에는 상품 부족으로 광고를 내는 의미가 없어진 탓도 있다.

화장품은 기본적으로 불요불급의 상품으로 간주됐기에 원재료 배급은 감소할 수밖에 없었다. 시세이도의 경우 의료품·비누·치약·방충제·구두약 등을 제조해 판매했고, 1944년경에는 떨어진 귤과 차 열매, 피안화彼岸花(석산) 뿌리를 원료로 하여 화장용 알코올을 만들었다고 사사社史에는 기록되어 있다. 또 많진 않지만 원재료 배급을 받아 공장 노동에 동원된 여성을 위해 배니싱 크림, 화장수, 가루백분, 립스틱, 헤어 오일을 제조했다.

1929년 창업한 폴라ポーラ는 해군을 위해 방충 연고와 동상용 크림을 제조했다. 그 밖에 항공기 바람막이의 김 서림 방지제와 서리 방지용 크림을 제조한 할리우드 화장품ハリウッド化粧品 처

럼 군수품 관련 제조로 전환하여 전시기를 헤쳐 나간 화장품 회사도 많았다.

1944년 밀부터 1945년 패전을 맞기까지 일본은 미국의 격심한 공습을 받아 사람들은 그날그날 살아남는 데 온힘을 기울였다. 신문과 잡지에서 화장 관련 기사가 사라지고 화장품 생산량도 급감했던 상황을 고려한다면, 태평양전쟁의 마지막 2년간은 실질적으로 화장의 공백기였다고 할 수 있다.

전후 시대:
화장이
자아내는
꿈과 동경

5

쇼와 20년대(1946~1955):
미국 스타일의
유행

전후 일본의 복구

1945년 8월 15일 포츠담 선언을 수락하는 천황의 라디오 방송으로 전쟁이 끝났다. 200곳 이상의 도시가 공습으로 파괴됐고, 의식주 모든 것이 부족한 허허벌판에서 전후 일본은 다시 시작했다. 패전국 일본은 1945년부터 1952년까지 7년에 걸쳐 GHQ(연합국 총사령부)의 간접 통치하에서 복구의 길을 걸었다.

일본에 주둔한 것은 미군이 대부분이었기에 전후 일본에는 미국의 소비문화가 대량 유입됐다. 원조 물자인 식료품과 의류, 재즈와 부기 음악, 할리우드 영화를 통해 알게 된 미국의 라이프 스타일은 풍요롭고 해방적이었다. 미디어를 활용해 친미 감정을 조성하려는 GHQ의 교묘한 전략도 먹혀들어 당시 일본인은 순식간에 미국 문화에 빠져들었다.

패션노 마찬가지였다. 전시에는 봄뻬[49]가 기본이었던 여성의 의복은 전쟁이 끝나도 전통 옷으로 돌아가지 않았고 기능적인 서양식 복장으로 바뀌었다. 머리 모양도 전기로 머리를 구불거리게 하는 파마가 부활했다. 1950년 전후에는 미국에서 들어온 약품으로 부드러운 컬을 만드는 콜드파마가 유행했다. 서양식 복장과 콜드파마의 보급에 발맞추어 화장도 미국을 모방하기 시작해 서양식으로 급격히 변화했다.

화장품 업계는 1945년부터 복구를 시작했고, 1950년대 중반부터 1960년대에 걸친 고도성장기에는 불황을 모르는 산업으로 일컬어지며 계속하여 성장했다. 컬러텔레비전이 보급된 1960년대 이후 화장의 유행은 텔레비전과 잡지 등의 대중매체를 통해 전개되는 신제품 캠페인과 여성의 라이프스타일 변화에 맞추어 눈이 핑 돌 정도로 어지럽게 바뀌었다.

이 장에서는 전후 일본의 화장을 쇼와 20년대(1946~1955), 쇼와 30년대(1956~1965), 쇼와 40년대(1966~1975) 그리고 쇼와 50년대부터 쇼와 시대 말기(1976~1989)까지 네 시기로 구분하여 각 시대의 특징을 살펴보려 한다.

변하는 업계 판도

패전 직후에는 공장의 피해와 수입 원재료 부족, 기술자 부족 등의 이유로 곧바로 화장품 제조를 재개할 수 없는 회사가 많았다. 반면 혼란을 틈타 새로 세워지는 회사도 있어 업계의 세력 판도가 전쟁 전과는 달라졌다. 현재 유명 회사 중의 하나인 고세 KOSE는 전후에 생긴 회사로, 1946년 '고바야시 합명회사小林合名會社'라는 사명으로 창업했다. 그리고 가네가후치 방적鐘淵紡績은 1946년 '비단 비누絹石鹼'를 발매하며 화장품 사업에 진출했지만, GHQ가 경제 민주화의 일환으로 행한 재벌 해체 정책으로 1949년 가네가후치 화학공업을 설립하며 화장품 사업을 분리했다. 그 후 1961년 다시 화장품 부문을 사들여 가네보Kanebo 화장품이라는 이름으로 화장품 사업에 본격적으로 뛰어들었다 (현재 가네보 화장품은 가오 그룹의 자회사다).

이런 와중에 시세이도는 1946년 11월 인기 여배우인 하라 세쓰코原節子를 모델로 하여 전후 최초의 다색 포스터를 제작하며 부활을 알렸다. 외국계로는 맥스 팩터가 1949년 총대리점을 개설했다.

패전 직후에는 악성 인플레이션으로 원재료 가격이 폭등한 탓도 있어 제품의 소매가보다 원가가 높은 경우도 있었다. 화상품 출하량은 1950년에는 1946년의 두 배까시 회복했시만, 1950년경부터는 상품의 덤핑이 업계를 힘들게 했다. 생산량은 증가했지만 돈의 흐름이 막혀 일반인의 구매력이 따라주지 못하자 투매 경합이 시작된 것이다. 특히 유명 브랜드는 미끼 상품으로 가격 인하의 표적이 됐다. 투매는 1950년을 전후로 한층 심해졌고, 1953년 정가 판매를 의무로 하는 재판再販제도가 입안되어 다음 해에 실시되고 나서야 겨우 수습 국면으로 접어들었다.

이러한 험한 환경 속에서 일반 도매상 경유로 판매하던 1945년 이전의 유명 업체 레이트(히라오 산페이 상점이 1949년 개칭)가 1954년 폐업했다. 같은 해 경쟁사인 나카야마 다이요도도 부채가 늘어나자 창업자가 물러나고 다른 회사에서 사장을 초빙해 재건을 도모했다. 반대로 시세이도나 가네보처럼 직접 계약을 맺은 가게에서만 상품을 팔게 하는 '제도품制度品 시스템'으로 소매점을 조직화한 회사는 점유율을 높여 나갔다.

미용의 부활

전쟁 때는 멋을 낼 경황이 아니었지만 이제 아름답게 꾸밀 수 있는 시기가 됐다. 당시에는 외국의 악영향이라고 손가락질 받던 파마를 예로 들어 살펴보자. 패전 다음 해인 1946년 1월 미용가인 야마노 아이코山野愛子는 도쿄 나카노中野에서 미용원을 다시 열었다. 자서전에 따르면 하루 먹을 식량을 걱정하던 시기였는데도 손님이 몰려들어 줄을 서서 순서를 기다렸다. 같은 시기에 개업한 미용 강습소에서도 파마 기술 강습은 대성황이었다. 어떻게든 기술을 익혀 생활을 꾸려나가 보려는 여성이 몰려들었던 것이다.

메이지 시대 말엽 미안술을 소개한 시바야마 겐타로의 딸이자 미용가인 시바야마 미요카芝山みよか의 미용원도 비슷한 상황이었다. 1946년 2월 마쓰자카야 백화점 우에노점에서 영업을 재개했는데, 줄이 길어 점심 먹을 여유도 없을 정도로 바빴다고 한다. 그날 먹을 밥과 국이 최우선이던 시절에도 '멋을 내고 싶다'는 생각은 있었던 모양이다.

화장과 의복에 대해서도 마찬가지였다. 패션 잡지《스타일スタイル》1946년 8월호에 미용가 다카쿠와 마리高桑マリ의 〈여자는 어떻게 멋을 내야 하나?〉라는 기사가 실렸다. 여기서 다카쿠와는 패전 후 1년이 지난 당시의 의복 사정을 다음과 같이 말했다.

양장의 상의만 있지 스커트가 없다. 스커트와 상의를 갖추었지만 구두가 없다. 구두도 어찌어찌 구했지만 중요한 양말이 없다. 아마도 모두들 그러한 상태라고 생각합니다.

그리고 다카쿠와는 양장이나 전통 옷이 짝짝이더라도 고개 숙이지 말라고 했다. 가령 주위의 비난을 받는다 해도 "적어도 얼굴만은 예쁘게 화장하고 싶다는 생각이 들면 다른 것에는 눈을 돌리지 말고, 또한 쓸모없는 사양이나 겸손도 하지 말고 과감하게 부지런히 화장을 하십시오"라고 용기를 북돋워주었다. 다카쿠와에 따르면 멋의 첫걸음은 그러한 적극적인 마음가짐 그리고 무언가를 만들어내려는 마음에서 시작한다.

《스타일》은 작가인 우노 지요宇野千代가 편집과 발행에 관여한 잡지로 알려져 있으며, 1946년 3월호부터 복간하여 최신 유행 패션을 소개했다. 그런데 이 잡지가 경이적인 판매고를 올린 것이다. 나들이옷이나 살림도구를 팔아서 먹을 것과 교환하는 등 어려운 생활이 이어지는 와중에도 이러한 잡지가 팔리고 미용원 앞에 긴 줄이 만들어졌다는 사실은 그만큼 여성이 치장에 굶주렸고, 궁핍한 삶 속에서도 꿈을 추구했음을 방증한다.

새빨간 립스틱

다카쿠와가 말하는 '멋의 첫걸음'에서 화장은 입술에 새빨간 립스틱을 많이 바르는 것으로 시작했다. 주둔군 가운데 여군이나 미군 가족의 화장을 흉내 낸 것으로, 이를 가장 먼저 받아들인

사람은 당시 '판판パンパン'이라 불린 주둔군 상대의 매춘부였다. 뽀글뽀글한 파마, PX(주둔군 매점)와 암시장에서 손에 넣은 화려한 네커치프에 롱스커트 그리고 선명한 빨간 립스틱. 그녀들의 미국식 패션은 이목을 끌기에 충분했다. 미국제 양복과 화장품을 바로 손에 넣을 수 있었던 그녀들은 어쨌든 패전 직후의 패션 리더였다.

새빨간 립스틱을 위아래 입술에 두껍게 바른 것은 만사를 억누르려 한 1945년 이전의 단정한 화장에서 벗어난, 미국식의 대담한 화장이었다. 이 화장이 일반 젊은 여성에게도 퍼지자 보수적인 사람들의 비난이 쏟아졌다. 여성에게 인기가 많았던 영화배우 하세가와 가즈오長谷川一夫는 《스타일》 1946년 5월호에서 "요즘 립스틱만 새빨갛게 바르고 다니는 사람이 있는데, 멀리서 보면 마치 입술만 걸어오는 것처럼 보여 우습다"라고 비판하고, 본래 피부색에 가까운 색을 바르도록 주문했다.

마찬가지 논조는 《부인 구락부》 1947년 4월호에 게재된 〈여학교를 나온 딸에게〉라는 기고문에서도 보인다. 이 기고문의 필자는 4월 선거에서 전후 최초의 여성 참의원 의원이 된 미야기 다마오宮城タマヲ로, 그녀는 "사람을 잡아먹은 듯한 빨간 입술과 놀랄 만큼 진한 화장은 어울리지 않아 보입니다"라며 화려한 화장을 삼가라고 말했다. 이러한 글은 패전 후 2년도 되지 않은 사

그림 32. 잡지 표지의 백인 여성.
푸른 눈의 금발 여성이 일본 전통 옷을 입고,
입술에는 유행하는 선명한 붉은 립스틱을 발랐다.《스타일》1949년 1월호

이에 붉은 립스틱을 바르는 젊은 여성이 늘어났음을 말해준다.

실제로 1946년 일본제 립스틱 생산이 부활 징조를 보였고, 신문이나 잡지 광고도 조금씩 다시 시작됐다. 같은 해 에도 시대부터 이어지던 노포 이세한이 '키스 미 특수 립스틱'을 발매했다. "입술에 영양을 제공한다"를 광고 문구로 내건 키스 미 립스틱은 식량이 부족한 당시 상황에서도 여성의 마음을 사로잡

아 1940년대 후반 히트 상품이 됐다.

하루하루 살아 나가기도 힘들었던 쇼와 20년대(1946~1955)는 한 개의 립스틱도 소중히 사용하던 때였다. 가령 다른 화장품을 살 여유가 없어도 빨간 립스틱만 바르면 멋을 낸 듯한 기분이 들었을 것이다. 화장을 하고 싶을 때 '다른 것은 없더라도 우선 립스틱을'이라고 생각해 눈에 띄는 붉은색을 고르는 여성이 많았을 것이다. 물론 미국에서 건너온 유행하는 화장이라는 점도 커다란 매력이었음은 틀림이 없다. 붉은 립스틱의 유행은 쇼와 20년대를 관통하며 오랫동안 지속됐다(그림 32).

빛나는 화장

쇼와 20년대에 새빨간 립스틱과 함께 유행한 것이 '빛나는 화장'이었다. 《스타일》은 〈빛나는 화장이란 무엇인가〉라는 기사를 1946년 5월호에 게재했다. 여성 잡지 중에서도 꽤 이른 시기에 나온 빛나는 화장 기사인데, 일부를 인용해본다. 여기서 주목할 만한 것은 미군 여성 장교가 하던 기초화장이었다.

얼굴 전체가 본래 피부색과 똑같고, 얼굴 피부가 무언가 빛나는 꺼풀처럼 아름답고 매끈하게 반짝반짝 빛난다. (……) 그것이 지금 바다 건너, 특히 미국 부인들 사이에서 유행하는 이른바 '빛나는 화장법'이다.

이처럼 빛나는 화장이란 '얼굴이 반짝반짝 빛나는' 듯이 보이기 때문에 이름 붙은 백분 화장이었다. 그 방법은 올리브기름, 동백기름, 참기름과 같은 식물성 기름을 엷게 바른 위에 가루백분을 두드려 바르는 것으로, 가루백분의 색은 손등 색깔보다 아주 살짝 하얀 정도였다. "백색은 절대로 피하도록 특별히 주의하세요"라는 주의사항이 있었듯이 전통적인 하얀 백분이 빛나는 화장에서는 부정됐다.

4년 후인 1950년 빛나는 화장은《주부의 친구》11월호 〈미용체험과 화장 비결집〉에서 건강한 아름다움을 빛나게 하는 화장법으로 소개됐다. 여기에는 식물유와 콜드크림을 기초로 하는 방법이 기술되어 있다.

가루백분과 크림을 사용한 화장은 메이지 시대 말엽부터 행해졌지만, 빛나는 화장과의 차이는 기초화장에 있었다. 1945년 이전에 기초화장으로 사용한 것은 주로 유분이 없는 배니싱 크림이었다. 그래서 마무리된 피부는 윤기가 없었다. 한편 유성 화장품을 사용하는 미국식을 도입한 빛나는 화장의 바탕에는 유분이 많은 콜드크림과 식물유가 사용됐기에 반들반들한 피부로 마

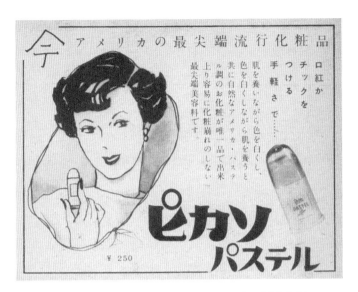

그림 33. '피카소 파스텔ピカソパステル' 광고. 광고도 미국 지향이 강했다.
《주부의 친구》 1951년 9월호

감됐다.

기초화장 분야에서는 쇼와 20년대에 유성 파운데이션이 등
장했다. 이 화장도 윤기 있는 마감이라서 빛나는 화장으로 불렸
다. 해외 제품을 참고해서 일본 최초의 크림 타입 유성 파운데
이션을 발매한 곳은 피카소 미화학 연구소ピカソ美化學研究所로,
1947년의 일이다. 쇼와 20년대 후반에는 많은 회사가 크림 타
입과 스틱 타입 등 다양한 종류의 파운데이션을 발매했다. 상품

그 자체에 유분이 포함된 유성 파운데이션은 쇼와 20년대 중반 '새로운 시대의 화장법'으로 불리며 신문이나 여성 잡지에 소개됐다.

콜드크림 위에 가루백분을 두들겨 바르는 화장보다 커버력이 있다는 장점과 더불어 1950년 피카소 미화학 연구소가 발매한 스틱 형태의 일본제 상품이 휴대하기 좋아 인기를 얻자, 유성 파운데이션은 급속도로 보급됐다(그림 33).

동경하는 여배우의 피부

가루백분과 유성 파운데이션 같은 기초화장의 색깔에도 커다란 변화가 있었다. 쇼와 20년대 후반이 되자 분홍 계열의 백분이 크게 유행한 것이다. 그 배경에는 당시로서는 진기했던 컬러 영화의 영향이 있었다. 일본에서는 1953년 흑백텔레비전 방송이 본격적으로 시작됐다. 그러나 당시 텔레비전은 너무 비싸서 서민층이 구입하기는 힘들었고, 쇼와 20년대를 통틀어 시각적 오락물로 가장 인기가 있었던 것은 영화였다. 하지만 컬러 영화는 외국 영화라도 아직 많지 않았다.

그러던 중 1951년 3월 '총천연색 영화'라고 선전된 일본 최초의 컬러 영화 〈카르멘 고향에 돌아오다 カルメン故郷に歸る〉가 개

봉했다. 인기 여배우 다카미네 히데코高峰秀子가 주연을 맡은 이 영화는 전국 각지에서 상영되어 큰 성공을 거두었다.

다카미네 히데코는 컬러 필름용 화장에 대해서 일본인의 노란색을 띤 피부색을 지우기 위해 분홍 도란dohran(배우용 유성 분)을 기초용으로 바르고, 그 위에 다른 색의 도란을 덧발라 배우 각자의 피부에 맞는 최적의 색을 만들어냈다고 자서전에 썼다. 그러나 시행착오를 거듭하며 노력했지만, 결과적으로 초기 컬러 영화는 기술적 문제로 빨강의 발색이 강하여 주연 여배우의 피부색은 분홍이 두드러졌다.

원래라면 평균적인 일본인의 노란색 피부에 분홍 계열의 기초화장은 부자연스럽다. 그럼에도 이런 화장이 유행한 까닭은 많은 외국 영화에 등장하는 백인 여배우의 분홍 계열 피부색과 다카미네 히데코처럼 분홍이 두드러진 피부색을 보면서 동경하는 여배우의 피부는 분홍이라는 미의식이 자리를 잡았고, 그것을 흉내 내는 여성이 늘었기 때문일 것이다.

분홍의 유행에 대응하여 데루미テルミ― 화장품은 1951년《주부의 친구》9월호에 "선명한 천연색 영화의 화장이 당신 얼굴에 나타난다"라는 선전 문구를 넣어 컬러 영화를 의식한 파운데이션 광고를 했다(그림 34).

다음 해인 1952년 2월 16일 자《요미우리 신문》은 화장품 회

鮮やかな天然色映画のお化粧が
あなたのお顔に現れる！

いまアメリカで爆発的な流行——
どんな肌にも指先でのばすだけで
シルクのように美しくついて一日保つ

アメリカンスタイルの新形式
素顔化粧料

山本鈴子先生
アメリカみやげ第一号

デルミー
パレトーン

すばらしい 11色   ¥ 200

그림 34. 컬러 영화를 의식한 '데루미' 화장품의 파운데이션 광고

사가 분홍 계열 백분을 일본인 피부에 맞추기 위해 "황토색에 분홍을 대보며 색 조정에 여념이 없다. 황토색이라도 노란색이 두드러진 것은 전혀 거들떠보지 않는다"라고 보도했다.

한편 분홍 백분 화장을 하면 얼굴 혈색이 좋아 보였기에 볼연지 사용은 줄어들었다. 1951년 1억 5000만 엔 규모로 출하되던 볼연지 제품은 다른 화장품이 매년 증가하는 추세 속에서도 계속 감소하여 1955년 9000만 엔 대로 60퍼센트 가까이 떨어졌다.

이른바 '분홍 화장'의 유행은 쇼와 30년대에도 이어졌다. 그 이유에는 조명 문제도 있었다. 당시 형광등은 연색성演色性[50]이 나빠서 청색이 두드러졌는데, 따라서 형광등 아래 있으면 피부가 칙칙하고 더러워 보였다. 그 때문에 여성 잡지는 사무실에서 일하는 젊은 여성에게 분홍 계열 파운데이션과 가루백분을 추천했다.

쇼와 30년대(1956~1965):
컬러 시대의
도래

유행색 캠페인

경제백서에 "더 이상 전후戰後가 아니다"라는 말이 등장한 것은 1955년이다. 쇼와 20년대를 복구의 시대라 한다면, 쇼와 30년대는 고도경제성장기가 막을 올린 시대였다. 경제성장 속에 화장품 출하 금액은 1955년 전년 대비 15퍼센트가 증가했고, 이후 매년 두 자릿수로 증가했다.

쇼와 30년대에 일본에서 처음으로 마케팅 개념을 도입하여 립스틱 캠페인을 벌인 곳은 외국계인 맥스 팩터였다. 1959년 3월 3일 "동상銅像도 되살아난다, 로망 핑크"를 선전 문구로 한 2색 인쇄의 전면 광고가《아사히 신문》,《요미우리 신문》,《마이니치 신문》등 주요 일간지 조간에 게재됐다. 이때 맥스 팩터는 도레東レ와 아사히 가세이旭化成, 나이가이ナイガイ와 같은 어패

럴(기성복) 회사와 연합해 이탈리안 모드 패션과 립스틱을 연동한 대형 캠페인을 전개했다. 잡지에서는《부인화보》와 제휴를 맺고 4월호에 '로망 핑크'를 앞세운 패션과 헤어 메이크업 특집을 30쪽 이상 실었다(그림 35). 또 백화점에서도 니혼바시 다카시마야의 디스플레이를 분홍으로 통일한 행사를 개최해 화제를 불러일으켰

그림 35. '로망 핑크' 특집.
《부인화보》1959년 4월호

고, 분홍 립스틱을 일본 전역에 퍼뜨렸다.

쇼와 30년대 초기에는 젊은 여성에게 그때까지의 상식이었던 빨강을 대신해 분홍 파운데이션에 맞춘 분홍 계열의 립스틱이 유행했다. '립스틱은 핑크'라고 결정타를 날린 것이 로망 핑크 캠페인이었다. 이해의 립스틱 출하 금액은 전년 대비 28퍼센트가량 대폭 상승했다. 다음 해인 1960년 1월 30일《아사히 신문》은 립스틱 붐에 대해 다음과 같이 언급했다.

한때는 '립스틱 하나로 1년은 쓸 수 있다'고 했지만 지금은 완전히 바뀌었다. 아마도 치장에 관심 있는 여성이라면 한 명이 적어도 세 가지나 네 가지 색깔의 립스틱을 갖고 있을 것이다. 그것이 이렇게 립스틱 판매를 신장시킨 이유다.

1959년은 이와토巖戶[51] 경기가 한창이어서 '소비는 미덕'이 유행어가 된 해였다. 경제성장의 은혜를 입어 빨강과 분홍처럼 다른 색깔 립스틱을 몇 개씩 갖는 여유가 생긴 것이 쇼와 30년대 중반의 일이었다.

맥스 팩터에 이어 1961년에는 시세이도가 일본 회사로는 처음으로 립스틱 '캔디 톤'의 캠페인을 실시했다. 처음엔 보통 봄에 한 번 열리던 유명 화장품 회사의 캠페인이 1년에 2회, 3회로 서서히 늘어나, 쇼와 40년대 후반부터 쇼와 50년대에 걸쳐서는 대중매체를 대대적으로 활용해 연 4회 열리는 계절별 캠페인이 일반적이 됐다. 그리고 이 캠페인으로 계속해서 새로운 유행색을 탄생시켰다.

컬러 시대의 눈 화장

쇼와 30년대 중반 여성 잡지에 실린 화장 특집 기사를 보면 '컬러 시대'라는 말이 많이 나온다. 대중의 오락이었던 영화가 컬러화 됐고 잡지에도 컬러 사진이 늘어나는 등 쇼와 30년대에는 기술 진보에 따라 주변의 다양한 사물이 선명한 색으로 바뀌어갔다. 무엇보다도 1960년은 컬러텔레비전 방송 원년으로, 9월부터 본격적으로 컬러 방송이 시작됐다. 컬러텔레비전은 너무 고가여서 일반 가정에는 쇼와 40년대에 들어와야 보급이 되지만, 쇼와 30년대가 이전보다 '색'을 의식하는 시대였음은 틀림이 없다. 화장품 업계가 립스틱의 유행색을 결정하는 컬러 캠페인을 시작한 것이 좋은 예다.

컬러 시대인 쇼와 30년대에 입술 화장에 이어서 주목받은 것은 눈 화장이었다. 당시 인기가 많았던 오드리 헵번풍의 각도 눈썹과 눈꼬리를 올려 그린 두꺼운 아이라인이 젊은 여성 사이에 유행했다. 그러나 아이섀도의 경우 갈색과 회색 등을 눈이나 코의 수정 화장에 사용하기는 했어도 파랑, 녹색, 자주 등의 선명한 색을 바르는 것은 아직 일반적이지 않았다. 그런 색깔은 여배우나 모델 혹은 술집 여성이 무대나 밤 화장에 쓰는 것이라는 의식이 강했다.

1957년에는 자메이카의 칼립소풍 노동요인 〈바나나 보트 송 Banana Boat Song〉을 번안한 노래로 인기를 얻은 가수 하마무라 미치코浜村美智子의 화장이 '칼립소 메이크업'이라 하여 세상의 주목을 받았다. 데뷔 당시 열여덟 살 고등학생이었던 그녀의 화장은 남국풍의 갈색 피부에 녹색의 아이섀도, 검정 아이라인, 짙은 마스카라로 눈 주위를 강조했고, 반대로 립스틱은 색감을 억제한 베이지색 계열이었다. 그녀를 모방한 화장이 여성 잡지에서 소개됐지만, 이 시기에 그녀처럼 컬러풀한 아이섀도를 바르는 것은 웬만큼 멋을 내는 여성도 힘든 일이었다.

여성 잡지에 눈 화장용 제품 광고와 미용 기사가 증가하는 것은 쇼와 30년대 후반부터다. 《부인공론》 1960년 8월호에는 미용가 메이 우시야마의 〈멋있는 눈〉이라는 글이 실렸다. 이 글은 "올해 화장에서 가장 주목받은 것은 커다란 눈입니다. 그것도 컬러 시대의 유행을 반영하여 '색을 바른 눈'의 등장입니다"라는 문장으로 시작한다. '색을 바른 눈'이란 파랑과 녹색 같은 색을 눈꺼풀에 바르는 눈 화장을 말하는데, 이즈음부터 색이 선명한 아이섀도가 한낮에 발라도 괜찮은 화장품으로 적극 소개됐다.

그 배경에는 맥스 팩터와 시세이도, 폴라, 고세 등의 화장품 회사가 1960년경부터 새로운 아이섀도를 잇달아 발매한 사실도 있다. 시세이도가 1960년 발매한 '섀도 스틱'을 예로 들면 이 제품은 잡지 광고에 '입체적 아름다움을 만드는' 상품으로 소개됐는데, "지금까지 해보지 않은 분도 한번 시험해보세요"와 같은 선전 문구가 덧붙여졌다. 그리고 '빛나는 색조' 레인보 컬러 제품에는 "오후부터 밤 사이 화장에 써주세요"라고 사용 시간대가 적혀 있었다. 이처럼 쇼와 30년대 후반은 화장품 회사와 여성 잡지가 아이섀도 화장 방법을 초심자도 알 수 있도록 자세히 설명하던 시기였다.

입체 화장으로 외국인 얼굴로

쇼와 30년대의 미용 기사에는 '입체 화장', '입체감 있는 얼굴' 등의 표현이 자주 등장한다. 입체 화장이란 얼굴을 입체적으로 보이게 하는 수정 화장을 말한다. 일본인의 평면적 얼굴을 백인 여성처럼 입체적으로 보이게 만드는 것이 이 화장의 포인트였다.

'외국인 얼굴' 지향은 쇼와 20년대의 미용 기사에서도 찾을 수 있다. 《스타일》은 1951년 11월호에 〈외국인처럼 입체적 얼굴로 보이는 화장법〉이라는 기사를 실었다. 기사 가운데 미용가인 우시야마 기쿠코牛山喜久子는 일본인의 평면적 얼굴은 짙은 화장을 하고 전통 옷을 입으면 아름다워 보이지만, 옷 자체가 입체적인 양장을 입으면 얼굴의 곡선과 두께, 깊이가 부족해 보인다고 설명했다. 그러므로 "입체적 얼굴로 화장할 수 있다면, 당신의 근사한 양장 차림이 한층 돋보일 것이다"라고 하며 양장과의 균형 관점에서 입체 화장을 권했다.

여기서 전후 일본의 화장을 정리해보자. 백분 중심 화장에서 입술과 눈 주위의 포인트 화장으로, 즉 개성미가 돋보이는 서양식 화장으로 바뀌었다는 점이 특징이다. 그리고 적어도 쇼와 40년대까지는 화장품 회사든, 여성 잡지에 자주 등장하는 유명 미용가든 최신 유행 화장품과 미용 기술 노하우를 배우는 본보기는 항상 서구였다. 그 결과 외국인 얼굴이 표준이었고 아름다움의 이상형이었다.

또 미국을 예찬하는 점령 정책의 영향을 받아 외국 영화와 잡지 표지, 화장품 광고 등 도처에서 백인 여성을 접하는 와중에 정보의 수신자인 일반 여성도 윤곽이 뚜렷한 외국인 얼굴이 아름답다는 미의 기준을 인식하게 됐을 것이다. 시대에 따라 정도의 차이는 있지만, 그 미의식이 현재까지 이어지고 있다.

낮은 코와 부은 듯한 눈을 수정하는 화장법은 에도 시대의 미용서에도 쓰여 있지만, 그것은 어디까지나 일본인끼리 하는 비교였다. 그러나 전후에는 비교 대상이 백인 여성으로 바뀌었고, 동양인인 일본 여성의 평균적 얼굴 모양 그 자체가 수정해야 할 결점으로 간주된 것이다.

쇼와 20년대 말부터 30년대에 걸친 영화의 전성기에 오드리 헵번이나 소피아 로렌 같은 개성파 여배우가 인기를 얻자, 그녀들의 얼굴 모습과 비슷해지기 위한 입체 화장이 여성 잡지에서 특집으로 꾸며졌다. 일본 여성의 얼굴을 입체적으로 수정하기 위해서는 눈에 음영을 주어 크게 보이게 하거나, 코를 높아 보이게 해야 했다. 그 때문에 갈색이나 회색처럼 얼굴색에 어울리는 색의 아이섀도와 볼연지를 눈꺼풀과 코 양쪽에 바르거나 짙고 옅은 두 가지 색 파운데이션을 사용해 입체감을 드러내는 등의 다양한 기술이 소개됐다. 덧붙이자면 얼굴 형태는 달걀형이 최고로 꼽혔다.

미용가인 마야 가타오카マヤ片岡는 1960년 3월 13일 자《요미우리 신문》에서 일본의 화장 기술이 "어떻게 하면 서양인처럼 아름다워 보이게 할 수 있는지에만 너무 열중하고 있다"라고 비판했다. 하지만 얼굴을 입체적으로 보이게 해주는 아이섀도 제품이 적극적으로 광고되기 시작한 것이 이때니까, 입체 화장도 이때부터 유행하기 시작했다고 볼 수 있다.

유행의 첨단을 걷는 모델 업계로 눈을 돌리면 쇼와 30년대 후반에는 이리에 미키入江美樹, 오카 히로미丘ひろみ, 야마모토 린다山本リンダ와 같은 혼혈 모델이 활약하기 시작한다. 검은 머리와 검은 눈동자를 가진 일본인이지만, 신체 비율이 좋고 이목구비가 뚜렷하여 서양인을 방불케 하는 그녀들이야말로 시대가 요구하는 미인상이었다. 이러한 미인의 인기는 쇼와 40년대에 정점을 맞아 화장품 광고에서도 스기모토 에마杉本エマ, 마에다 비바리前田美波里, 티나 러츠Tina Lutz와 같은 혼혈 모델이 활약했다.

쇼와 40년대(1966~1975): 대중화하는 메이크업

텔레비전 보급과 단카이 세대

따라잡고 앞지르라고 외치던 쇼와 30년대를 지나, 이자나기 경기いざなぎ景気[52] 덕에 순조롭게 시작한 쇼와 40년대는 고도경제성장의 흐름 속에 사람들이 좀 더 풍요로운 생활을 추구하며 일하던 시대였다. 총리실이 발표한 〈국민 생활에 관한 여론 조사〉에 따르면 자신의 생활수준이 '중中'에 해당한다고 생각하는 사람이 90퍼센트에 달했다. 이것은 서민에게 중류 의식이 있었음을 말해준다.

쇼와 30년대에 냉장고 및 세탁기와 더불어 '3종의 신기神器'라 불렸던 흑백텔레비전의 세대 보급률이 1960년 90퍼센트를 넘었다. 컬러텔레비전으로 교체하는 집도 조금씩 늘어 1972년에는 절반 이상의 세대가 소유하게 됐다. 여배우나 가수의 화장을 색깔까지 그대로 보여주는 컬러텔레비전의 보급은 일반인의 화장에 대한 인식을 바꿔주는 역할을 했다. 또 쇼와 40년대에는 시세이도나 가네보 같은 유명 화장품 회사의 캠페인이 본격화했고, 각 회사가 텔레비전 광고를 통해 격전을 벌이게 됐다는 사실도 중요하다.

이 시기에 멋의 주인공은 단카이團塊 세대 여성이었다. 전후 베이비 붐 시기에 태어나 쇼와 40년대 전반기에 화장 연령을 맞이한 단카이 세대 여성은 수적 우세로 유행을 산출하는 원동력이 됐다. 철이 들 때부터 미국 문화의 영향을 받으며 자란 그녀들은 세계적으로 유행한 미니스커트를 비롯해 잇달아 등장한 혁신적 패션을 적극적으로 받아들이며 즐긴 세대였다.

그 유연함은 화장에서도 발휘됐는데, 단카이 세대 여성은 서구에서 들어온 화장에도 과감하게 도전했다. 수적으로 많은 그녀들이 그 윗세대를 끌어들이면서 쇼와 40년대에 서구식 화장은 대중화됐다.

눈 화장 전성기

쇼와 40년대 화장의 가장 큰 특징은 서구와 비교하면 늦었지만 눈 화장이 일반인에게도 퍼져서 '외국인 얼굴'을 모방하는 화장이 전성기를 맞이했다는 점이다. 화장품 회사는 이미 쇼와 30년 대 후반부터 아이섀도를 유행시키려고 적극적으로 선전했지만, 유행을 만들어내지는 못했다.

눈 화장이 유행하게 된 계기는 맥스 팩터가 만들었다. 맥스 팩터는 1965년 '패서네이팅 아이스Fascinating Eyes(매혹적인 눈)'를 주제로 하여 눈 화장 제품 전반을 알리는 캠페인을 진행했다.《요미우리 신문》4월 4일 자 광고에는 "입술에서 눈으로⋯⋯ 매력의 중심을 '눈'에 두는 메이크업은 세계적 유행"이라는 선전 문구가 나온다. 서구에서는 눈 주위를 강조하는 화장이 쇼와 30년대 후반부터 유행했는데, 이를 일본에서도 퍼뜨리려고 한 것이다.

1967년 10월 '미니스커트의 여왕'이라 불리던 영국인 모델 트위기Twiggy가 일본을 방문함으로써 일본에서 본격적인 눈 화장 붐이 일었다. 본래 눈 길이보다 더 길게 그린 아이라인, 더블라인의 아이섀도, 인조 속눈썹과 마스카라를 더해 눈 주위를 강조한 그녀의 눈 화장은 무릎 위로 30센티미터나 올라간 미니스커트와 함께 큰 바람을 일으켰다. 일본에서는 그녀가 다녀간 다음 해에 트위기풍의 기교적 눈 화장이 유행했다(그림 36).

통계에 따르면 1965년 '눈썹먹, 눈썹 화장료(마스카라)'의 출하 금액은 전년 대비 34퍼센트 증가했다. 1966년에는 74퍼센

그림 36. 트위기의 눈 화장,《여성 세븐女性セブン》1967년 6월 28일 자

트, 1969년에는 71퍼센트로 크게 늘었다. 또 '눈 화장품(아이섀 도, 아이라이너 등)'의 출하 금액은 트위기가 일본에 온 다음 해인 1968년 전년 대비 63퍼센트 증가했고, 1969년에는 128퍼센트 증가, 1970년에는 53퍼센트 증가해 3년 연속 경이적으로 성장 했다. 이는 눈 주위 화장이 쇼와 40년대 중반 일반인 사이에 단 숨에 침투했음을 말해준다.

한편 눈을 강조하기 위해 눈썹 형태는 쇼와 30년대보다 가늘 어졌고, 립스틱도 진하지 않은 분홍처럼 옅은 색이 유행했다.

쇼와 40년대에 화장품 회사는 눈 화장 보급에 힘을 기울였고,

그에 따라 쇼와 40년대 후반에도 유행은 계속됐다. 더블라인으로 큰 쌍꺼풀을 강조하던 쇼와 40년대 전반과 달리, 후반에는 아이섀도로 눈 주위를 우묵하게 보이는 화장으로 좀 더 부드럽게 입체감을 냈지만, 둘 다 윤곽이 뚜렷한 외국인 얼굴을 의식했음에는 차이가 없다.

눈썹의 경우 본래의 눈썹을 뽑고 선처럼 가늘게 그리는 것이 유행했다. 그리고 입체감을 더 살리기 위해 볼연지와 노즈섀도, 하이라이트를 확실히 사용해 얼굴 전체에 공을 들인 화장법이 잡지에 소개됐다. 이는 지금의 감각으로 볼 때도 '나 화장했다'라고 크게 강조하는 무거운 화장법이었다.

이러한 유행에 대한 반발은 강했다. 눈 주위를 검게 한 화장은 '너구리 같은 눈'이라고 야유를 받았고, 푸른색 아이섀도를 바른 화장은 "시체 색깔 같은 아이섀도를 왜 아름답다고 착각하는가?"라는 혹평을 들었다(《부인공론》 1972년 8월호).

그러나 젊은층이 유행을 선도했고, 종래의 가치관에 사로잡히지 않은 자유로운 패션이 유행하면서 눈 화장도 점차 익숙해져갔다. 마지막 남은 눈 화장이 일상화됨으로써 전후 일본의 화장은 본보기로 삼은 서구의 수준을 따라잡았다고 할 수 있다.

여름엔 갈색 피부로

눈 화장이 유행한 쇼와 40년대에 일본인의 미의식을 크게 바꾸어놓은 사건이 또 하나 있었다. 그것은 갈색 피부의 유행이었다. 예부터 흰 피부를 선호한 것은 일본이나 서구나 마찬가지지만, 유럽에서는 1920년대 들어 바캉스를 떠나 휴양지에서 햇볕에 피부를 그을리는 행위가 유명인의 상징이 됐고, 이때부터 갈색 피부가 유행했다.

1936년 7월 24일 자《도쿄 아사히 신문》은 〈한여름 화장법, 파리에서는 '벽돌색'이 신유행〉이라는 기사를 실어 파리에서는 그을린 피부가 유행한다고 소개했다. 그러나 일본에서는 일광욕을 어디까지나 건강 차원에서 받아들일 뿐, 풍요로움과 연관 짓지는 않았다. 본래 일본인은 백인보다 멜라닌 색소가 많아서 햇볕에 그을리기 쉽기에 피부를 태우는 것보다는 흰 피부를 보전하는 쪽에 가치를 두었을 것이다.

이러한 인식은 쇼와 30년대 후반부터 변하기 시작했다. 경제 성장으로 소득이 늘자 일본에서도 '레저', '바캉스'와 같은 단어가 유행했고, 바다나 산으로 여행, 드라이브 등을 떠나는 사람이 늘어났다. 이러한 레저 붐을 계기로 화장품 회사는 야외에서도 화장이 잘 지워지지 않는, 천연 해면에 수분을 머금게 해서 바르는 케이크(고형) 형태의 여름용 파운데이션과 선탠용 오일을 발매하고 그을린 피부의 아름다움을 선전했다.

1966년 시세이도는 "태양의 사랑을 받도록"을 선전 문구로 하여 파운데이션 여름 캠페인을 진행했는데, 이후 그을린 피부가 여름 트렌드로 정착됐다. 이때 시세이도는 일본 광고 역사상 처음으로 해외로 떠나 하와이에서 촬영

그림 37. "태양의 사랑을 받도록" 포스터.
요코스카 노리아키橫須賀功光 촬영, 1966.
시세이도 기업자료관資生堂企業資料館 제공

을 감행했다. 파란 하늘 아래 갈색 피부의 마에다 비바리가 수영복 차림으로 해변에 엎드려 있는 자세로 포스터를 찍었는데, 선탠을 한 여성의 건강한 아름다움이 많은 사람의 마음을 사로잡았다(그림 37).

시세이도에 따르면 이 포스터는 붙여놓자마자 떼어서 가져가는 사람이 많을 정도로 반향이 컸고, 선탠용 오일은 전년도 재고

분까지 바닥이 났다. '흰 피부 지향'이었던 일본에 '그을린 피부도 아름답다'는 새로운 미의식을 심어준 것이 이 캠페인이었다. 서구보다 40여 년 늦게, 여름 선탠이 일본에서도 간신히 시민권을 획득한 것이다. 이를 계기로 하여 젊은 여성은 여름이 오면 앞을 다투어 피부를 태양에 노출했다.

그을린 피부의 유행과 더불어, 분홍 계열이 주류였던 파운데이션에 짙은 황토색 계열이 더해지면서 기초화장의 색깔도 변하기 시작했다. '여름에는 그을린 피부'라고 권유하는 캠페인은 쇼와 40년대에 유명했던 화장품 회사의 정기 행사였다. 이 흐름은 쇼와 50년대에도 이어져 여배우 나쓰메 마사코夏目雅子가 여름 캠페인 '오! 쿠키 페이스'(1977, 가네보)로 유명해진 것처럼 갈색 피부의 캠페인 걸이 여름이 왔음을 알렸다.

여름 선탠이 유행한다고 해서 흰 피부에 대한 집착이 아예 없어진 것은 아니었다. 오일을 발라 예쁘게 빈틈없이 그을리려는 것이 아니라면, 신크림 위에 파운데이션까지 발라서 햇빛을 막고자 하는 여성도 많았다. 그리고 가을이 되면 얼굴 팩이나 마사지를 하여 원래의 하얀 피부로 돌아가기 위해 노력하는 것이 쇼와 50년대까지 이어진 여름에서 가을로 넘어가는 화장 패턴이었다.

쇼와 50년대부터
쇼와 시대 말기(1976~1989):
개성을 중시하는 시대로

다양해지는 화장

쇼와 50년대부터 쇼와 시대 말기에 일본은 오일쇼크, 공해 문제 등과 같은 시련을 뛰어넘으며 안정된 성장을 계속했다. 특히 쇼와 시대 말기는 엔고와 거품경제의 영향으로 서민층에도 고급품과 수입 명품을 소비하는 열풍이 불었다. 물건이 넘쳐나는 풍요로운 사회는 사람들의 가치관을 크게 바꾸어놓았다. 누구나 같은 물건을 갖는 '대량생산, 대량소비'의 시대는 끝나고, 자신의 기호에 맞추어 원하는 것을 선택하는 '다양화, 개성화' 시대가 온 것이다.

화장도 마찬가지였다. 쇼와 40년대를 모두 같은 유행을 따르는 화장의 '대중화' 시대라고 한다면, 쇼와 50년대부터 쇼와 시대 말기까지는 일반인도 이미 기본적인 화장 지식을 갖춘, 그리하여 세분화된 패션과 라이프스타일에 맞는 화장을 선택하는 '개성화' 중시의 시대라고 할 수 있었다.

수요가 다양해지자 화장품은 대량생산에서 다품목 소량 생산으로 바뀌었고, 화장품 브랜드 수와 개별 상품의 색깔 종류는 점점 늘어났다. 1982년경부터는 다양한 화장을 즐기고 싶은 사람을 위해 색과 아이템을 자유로이 조합할 수 있는 유닛식 화장 팔레트와 작은 크기의 립스틱 등 이제까지 없었던 상품이 잇달아 등장했다.

쇼와 50년대의 유명 화장품 회사는 여배우와 모델을 기용한 광고에 노래를 연결한 캠페인을 전개해 화제를 불러 모았다. 광고 음악의 선구가 된 오구라 게이小椋桂의 〈흔들리는 시선揺れるまなざし〉(1976, 시세이도)을 비롯해, 호리우치 다가오堀内孝雄의 〈당신 눈동자는 1만 볼트君のひとみは10000ボルト〉(1978, 시세이도), 구와나 마사히로桑名正博의 〈섹슈얼 바이올렛 No.1セクシャルバイオレット No.1〉(1979, 가네보) 등 수많은 히트곡이 화장품 광고에서 나왔다.

텔레비전 외의 대중매체로는 여성 잡지가 화장의 다양화를 촉진했다. 쇼와 50년대에는《JJ》(1975),《MORE》(1977),《25ans》(1980),《With》(1981) 등 젊은 층을 대상으로 한 여성 잡지의 창간이 계속됐다. 쇼와 40년대에 창간된《an·an》과《non-no》등의 여성 잡지는 자신들이 제안하는 패션과 라이프스타일에 어울리는 화장을 독자에게 제공했다.

　그중에서도 특히 영향력이 있었던 것은 《JJ》와 《an·an》이었다. '뉴토라(뉴 트래디셔널의 준말)'와 '하마토라(요코하마 트래디셔널의 준말) 패션'을 유행시킨 《JJ》가 부잣집 딸 스타일의 우아한 화장을 주도하여 여대생이나 여성 회사원을 독자로 만들었다면, 《an·an》은 DC 브랜드(디자이너 이름을 내세운 브랜드)와 최신 유행 화장을 앞세워 자사 제품을 착용하고 판매하는 업계의 여성에게 압도적 인기가 있었다.

자연스러운 화장의 유행

'다양화, 개성화'가 시대의 키워드가 된 쇼와 50년대에 있었던 또 하나의 큰 흐름은 '자연natural 지향'이었다. 그동안 고도경제성장의 이면에 감추어져 있던 공해와 환경오염 문제가 불거져 나오자, 그 반동으로 자연 회귀 풍조가 만연해진 것도 이런 흐름이 생긴 이유 중 하나다. 특히 화장품과 관련해서는 '여자 안면 흑피증'과 같은 피부 트러블이 문제가 되어 1977년 화장품 회사 다섯 곳을 상대로 한 오사카 재판이 열리는 등 제품의 안전성이 의문시된 점이 자연 지향으로 관심을 두게 되는 계기가 됐다.

쇼와 50년대가 되면 사람이 살아가는 데 기본이 되는 먹을거리 분야에서 무첨가 식품과 자연 식품이 유행했다. 화장품도 마찬가지로, 식물 추출액 같은 천연 재료를 사용한 상품 그리고 광물유와 방부제를 사용하지 않았음을 내세운 '자연' 화장품이 여럿 발매됐다.

화장법에서도 '내추럴 화장'이 주목받았다. 1970년대 서구의 화장 경향은 자연스러움을 지향하는 것이었는데, 일본도 그 영향을 받았다. 다만 일본의 내추럴 화장은 백인 여성과 같은 윤곽이 뚜렷한 얼굴을 만드는 기교적 입체 화장에서 일본인다움을 의식한 자연스러운 화장으로 전환됐다는 점에 의미가 있었다.

업계 최고가 된 시세이도는 1976년 가을 발매한 '시포네트Chiffonette' 캠페인에 일본풍 미인인 신교지 기미에真行寺君枝를 기용했다. "흔들리는, 시선"을 선전 문구로 삼아 일본인 얼굴의 매력을 끄집어내는 화장을 제안해 화제가 됐다(그림 38).

시세이도는 "평면적 얼굴에서 미스터리한 시선이 만들어집니다. 길고 가는 눈에서 요염함을 느낄 수 있습니다"라는 광고 문구를 통해 일본인의 평면적 얼굴을 긍정적으로 보고, 길고 가는 눈을 살리는 눈 화장 캠페인을 전개했다. 가네보 역시 1975년 'If G' 광고에서 "달걀, 깨버립시다"라는 광고 문구를 제

시해 미인의 이상형이라
하여 달걀형으로 무리하
게 얼굴을 수정하던 기존
화장을 그만두고, 이제 개
성을 살리는 화장을 하자
고 제안했다.

이처럼 유명 화장품 회
사가 입체 화장과 수정 화
장을 재고하는 쪽으로 방
향을 튼 것은 미국을 모방
하는 데서 시작한 전후의
화장법에서 벗어나 이제
일본인에게 어울리는 것
이 무엇인지 고안해내려
는 의식이 싹텄기 때문이다.

그림 38. "흔들리는, 시선"을 선전 문구로 삼은
시세이도의 포스터. 주몬지 비신十文字美信 촬영,
1976. 시세이도 기업자료관 제공

여성 잡지 중에서는《JJ》가 1975년 창간호부터 자신의 얼굴
개성을 살리는 화장을 제안했다. "인간의 얼굴은 본래 입체적"이
라며 하이라이트와 아이섀도를 과도하게 사용하는 입체 화장에
서 벗어날 것을 주장한 것이다. 구체적으로 살펴보면 아이섀도
와 볼연지 같은 포인트 화장에 대해서 '좀 더 산뜻하고 자연스러

운 화장', '기초화장', '자신의 얼굴로 웃기 위해 허용되는 화장의 한계'라는 세 가지 패턴을 제시했다. 그 이상 진한 화장은 그만 두자는 기준을 제시한 것이다.《JJ》는 같은 해 10월호에서 〈옐로 이스 뷰티풀, 당신의 피부를 살리는 새로운 화장〉이라는 제목으로 황인종인 일본인의 생기 넘치는 피부, 얼굴, 외까풀 등을 아름답다고 하며 내추럴 화장을 계몽해 나갔다.

변화하는 내추럴 화장

자연스러움을 강조하는 내추럴 화장은 서서히 퍼져 나갔고, 입체감을 강조하는 화장은 점차 사라졌다. 볼연지와 노즈섀도는 사용한다 해도 짙게 하지 않는 게 기본이 됐고, 쇼와 40년대에 유행한 인조 속눈썹도 서서히 자취를 감췄다.

쇼와 50년대 후반이 되자 이번에는 맨 피부의 감각이 중시되는 경향이 나타났는데, 여성 잡지에는 '맨 피부에 가까운', '맨 피부 같은' 화장을 제안하는 기사가 늘어났다. 다만 여기서 '맨 피부 같은'이란 결코 화장이 옅다는 의미가 아니었다. 파운데이션으로 확실히 기초화장을 하고 자연스러워 보이는 브라운 계열의 아이섀도로 마감을 하는, 정성을 들였지만 민낯처럼 보이는 것이 새로운 내추럴 화장법이었다.

내추럴 화장의 유행을 뒷받침한 것은 파운데이션의 변화였다. 현재 널리 사용되는 파우더 파운데이션은 업계 최초로 고세가 개발한 것으로, 1976년 발매됐다. 그때까지 마무리 화장에 사용되던 가루백분을 필요 없게 만든 파우더 파운데이션은 간편하고 마감이 자연스러웠기 때문에 순식간에 보급됐다.

또 쇼와 시대 말기에는 맨 피부의 아름다움을 살리려는 의도에서 파우더 파운데이션이 아니라 '리퀴드 파운데이션에 파우더를 더한' 조합이 제시됐다. 이를 가능하게 한 것이 유화 기술의 발달로 새로 개발된, 가벼운 마감이 가능한 리퀴드 파운데이션이었다.

내추럴 화장의 유행은 파운데이션의 색감에도 영향을 주었는데, 쇼와 50년대가 되자 오랫동안 주류였던 분홍 계열 파운데이션을 대신해 노랑 계열이 늘어났다. 이는 파운데이션이 일본인의 실제 피부색에 가까이 다가갔음을 의미했다. 피부와 비슷한 색을 사용함으로써 내추럴 화장은 좀 더 자연스럽게 마감될 수 있었다.

그런데 불똥은 볼연지로 튀었다. 내추럴 화장이 보편화되면서 얼굴의 입체감을 강조하지 않게 되자, 볼연지는 1986년부터 출하 금액이 줄어 1996년경까지 계속 감소했다.

두꺼운 눈썹은 자립의 상징

전체적으로 가볍고 자연스러워진 화장 경향과 달리 거꾸로 두껍고 진해진 것이 있으니, 바로 눈썹 화장이었다. 쇼와 40년대 후반에는 가늘게 그리던 눈썹이 쇼와 50년대에 들어서자 내추럴 화장의 유행으로 본래의 두께로 돌아간 것이다. 그리하여 쇼와 50년대 후반부터 쇼와 60년대에 걸쳐 눈썹을 두껍게 그리는 유행이 찾아왔다(그림 39).

당시의 사회 분위기를 살펴보면 쇼와 50년대는 여성의 지위 향상이 세계적 과제인 시기였다. 유엔은 1975년을 '세계 여성의 해'로 지정하고, 여성의 자립과 지위 향상을 목표로 앞으로 10년간 수행해야 할 행동강령을 채택했다. 여성운동이 한창이던 1970년대 미국의 페미니스트는 화장이 여성에 대한 억압이라고 주장하기도 했는데, 이런 분위기가 자연스러운 화장을 지향하는 하나의 요인이 되기도 했다.

일본에서도 '커리어 우먼'이 유행어가 됐고, 1986년에는 남녀고용기회균등법이 시행됐다. 남성과 어깨를 나란히 하며 일하는 강한 여성이 시대의 얼굴로 떠오르는 와중에 화장에서도 강함이 요구되어 두꺼운 눈썹이 유행했다고 볼 수 있다.

미국에서 두꺼운 눈썹을 유행시킨 선구자로 언급되는 사람은 모델 겸 배우인 마고 헤밍웨이Margaux Hemingway다. 1975년 미국의 대표적 시사 주간지 《타임TIME》의 '뉴 뷰티'에 선정된 그녀는 자연스러움을 체현하는 글래머러스한 몸매에 인상 깊은 두꺼운 눈썹으로 표지를 장식했다. 다음 해에는 주연 영화 〈립스틱〉에서 자신을 강간한 범인이 무죄로 풀려나자 총으로 쏘아 죽이는 강한 여성을 연기했다. 이때도 그녀

그림 39. 자연스럽게 그린 두꺼운 눈썹. 모델은 기시모토 가요코岸本加世子. 주몬지 비신 촬영, 《하나쓰바키花椿》 367호, 1981. 시세이도 기업자료관 제공

의 강한 의지를 상징한 것은 바로 두꺼운 눈썹이었다.

일본에서 두꺼운 눈썹이 본격적으로 유행한 것은 조금 늦은 1982년경부터다. 이해에 영화 〈끝없는 사랑〉으로 유명한 브룩 실즈Brooke Shields가 가네보의 캠페인 모델을 하기 위해 일본에 왔다. 그녀의 뚜렷하고 두꺼운 눈썹이 유행에 불을 붙였다. 덧붙이자면 마고 헤밍웨이도 1983년 오쓰카大塚 제약의 '포카리스웨

트' 광고에 기용되어 훌륭한 두꺼운 눈썹을 자랑했다.

눈썹은 시대를 반영한다고 하는데, '여자다움'이나 '상냥함', '고상함'과 같은 형용사가 붙던 가는 눈썹과 대조적으로, 쇼와 시대 말기의 두꺼운 눈썹은 '지적'이고 '중성적'이며 '남성에 의존하지 않는'과 같은 말과 연결되어 여성의 정신적 자립과 강한 의지를 나타냈고, 어깨 패드를 강조한 패션과 한 세트가 됐다. 당시 여성 잡지를 보면 부잣집 딸 같은 우아한 화장이라 해도 대체로 눈썹은 두껍게 그렸다.

여성 잡지 중에서도 특히 《an·an》이 기교적이면서 두꺼운 눈썹 화장을 소개했다. 《an·an》은 1985년 4월 12일호에 "최근 유행하는 눈썹의 본보기는 한자 '일―'의 서예체"라며 두꺼운 눈썹 그리는 법을 실었고, 같은 해 9월 6일호에서는 "표준 눈썹이라면 약 두 배인 폭 1.5센티미터 정도. 이것이 귀엽게 보이는 한계점"이라며 구체적인 크기를 제시해 두꺼운 눈썹 그리는 법을 소개했다. '폭 1.5센티미터'나 되는 두꺼운 눈썹은 지금 감각으로는 귀여움의 범위를 넘어서지만, 《an·an》의 두꺼운 눈썹 화장에는 개성파가 즐비한 DC 브랜드 패션의 유행에 지지 않으려는 의지가 담겨 있었다.

두꺼운 눈썹과 함께 포인트 화장으로는 강함을 느끼게 하는 빨간 립스틱이 유행했다. 1987년 새빨간 립스틱이 트레이드마

크인 가수 마돈나Madonna가 세계 투어의 일환으로 일본에 왔다. 그다음 해부터 일본에서 새빨간 립스틱이 유행했다. 빨간 립스틱은 긴 머리에 딱 붙는 원피스 패션과 더불어 거품경제의 절정이자 쇼와 시대의 마지막을 장식했다.

다시 그을리지 않는 피부로

쇼와 시대의 마지막을 장식한 것은 다시금 그을린 피부 문제였다. 갈색 피부의 유행은 쇼와 50년대에도 이어졌다. 쇼와 50년대의 선탠 화장을 대표하는 것은 여대생과 20대 여성 회사원에게 인기 있었던 '서핑surfing 화장'이다. 서핑 화장은 그을린 피부에 자주가 들어간 밝은 파랑 아이섀도와 분홍자주 립스틱을 같이 사용하는 스타일로, 원래 1978년경부터 간사이關西 지역의 서퍼가 하던 화장이다. 이것이 《JJ》에 소개되면서 전국으로 퍼졌다.

그녀들이 참고로 한 것은 미국에서 1976년 방영되기 시작했고 일본에서는 다음 해 가을부터 방영된 드라마 〈미녀 삼총사 Charlie's Angels〉의 초대 주연 배우 파라 포셋Farrah Fawcett의 화장이다. 화장뿐 아니라 그녀의 레이어드 커트를 모방한 서퍼 커트도 젊은 여성 사이에서 유행했다. 서핑 화장은 1983년경까지 유행했다.

한편 1970년대 중반 자외선이 피부 노화와 기미, 주근깨의 원인이 된다는 사실이 밝혀졌다. 화장품 회사는 이때부터 자외선 차단 효과가 있는 선크림과 파운데이션 개발에 힘을 기울이기 시작했다. 그래서 도입된 것이 SPFSun Protection Factor(자외선 방어지수)다. SPF란 자외선을 막는 정도를 나타내는 수치로, 높을수록 효과가 강하다. 미국 식품의약국FDA 등 서구가 먼저 사용하던 이 기준치를 일본에서 최초로 도입한 곳은 시세이도로, 1980년 'SPF 6'을 표시한 선탠 방지용 화장품을 발매했다. 그 후 다른 회사도 SPF를 표시하게 됐다.

게다가 쇼와 60년대에 드러난 오존층 문제는 '여름은 그을린 피부'에서 '여름에도 타지 않는 피부'로 화장법이 바뀌는 데 결정타를 날렸다. 오존층 파괴로 유해한 자외선이 증가하면 피부암 위험이 높아진다고 하자 세계적으로 '자외선은 피부에 좋지 않다'는 의식이 고조됐다. 1988년 여름부터는 일본 기상협회가 수도권의 자외선 정보를 텔레비전과 라디오를 통해 제공하기 시작했는데, 이를 통해 자외선 대책의 필요성을 사회 전체가 인식했음을 알 수 있다.

이 시기에 화장품 회사는 자외선 차단 효과가 큰 파운데이션을 앞 다투어 발매했다. 그리고 연호가 바뀐 1990년(헤이세이 2)

여름, 가네보는 "트렌드는 하양"이라는 선전 문구를 내세워 여름 파운데이션을 광고했다. 그해부터 미백 화장품이 유행했고, 여성은 다시 흰 피부 지향으로 돌아섰다.

변화하는
화장

변하는 것, 변하지 않는 것

긴 역사 속에서 일본의 화장은 국제관계, 정치체제, 경제발전 그리고 전쟁 등 사회의 다양한 영향을 받으면서 변화해왔다. 패션은 시대를 비추는 거울이라고 하는데, 얼굴이라는 작은 캔버스에 그리는 화장 역시 시대를 비추는 거울이라 할 수 있다.

이제 지금까지 서술한 일본의 화장을 정리해보자. 통사通史라는 큰 시점에서 보면 일본의 화장은 세 단계로 나눌 수 있다. 그것은 고분 시대부터 헤이안 시대 전기까지, 헤이안 시대 중기부터 에도 시대까지, 메이지 시대부터 현대까지다.

바다로 둘러싸인 일본은 중국대륙과 한반도의 선진 문화를 동경심을 가지고 흡수해왔다. 고분 시대부터 헤이안 시대 전기까지는 외국에서 새로운 문화를 받아들여, 대륙풍의 화장이 도입된 시기다. 중국과 한반도를 경유해 전해진 화장은 일본인의 미의식에 맞는 형태로 바뀌어 긴 시간을 거치는 동안 전통 문화로 확립되어갔다. 그것이 헤이안 시대 중기부터 에도 시대까지다.

화장은 일본에서 독자적 발달을 이루어 에도 시대에는 신분과 연령, 결혼 여부, 자녀 유무 등을 구별하는 사회적 기능도 했다. 여성은 결혼이나 출산을 계기로 화장을 바꾸어가면서 소녀에서 아내로, 아내에서 어머니로 달라지는 자신의 위치를 자각한 것이다.

그런데 전통 화장이 확립된 에도 시대가 가고 메이지 시대가 되면 다시금 외국에서 새로운 바람이 불어온다. 이때 본보기가 된 것은 선진국인 서구 열강이었다. 근대국가로 변모하려는 메이지 정부는 서구 열강을 뒤쫓기 위해 톱다운 방식으로 서구화 정책을 추진했다. 화장을 포함한 풍속 전반도 그 영향을 받아 메이지 시대 이후 화장은 서구화를 향해 나아가기 시작했다.

특히 이 시기에 일본이 서양에서 배운 과학 기술은 화장품산업의 발전에 큰 밑바탕이 됐다. 메이지 시대 이후 과학(그중에서도 화학)과 화장품은 수레의 두 바퀴와 같이 밀접하게 맞물리며 근대 화장품을 발전시켜 나갔다. 과학이 화장품산업 발전을 떠받치게 됐다는 점에서도 메이지 시대는 화장의 전환기였다고 할 수 있다.

화장에서 서양화의 속도는 메이지, 다이쇼, 쇼와 시대 전기까지는 빠르지 않았다. 서양식 화장을 조금씩 받아들이는 화양절충의 시대였다. 하지만 패전을 계기로 일본의 화장은 급속하게 서구화하여 현재에 이른다.

서구의 화장을 본보기로 삼았다고는 해도 일본인의 미의식 속에는 아직까지 전통 화장의 자취가 남아 있는 것도 사실이다. 대표적인 예가 흰 피부 지향이다. 잡티 없는 하얀 피부를 동경하여 피부 관리와 기초화장에 신경 쓰는 화장은 에도 시대부터 오늘날까지 변함없이 이어지고 있다.

외모 지향 인식의 침투

이 책은 쇼와 시대 말기를 마지막으로 정했다. 그러나 연호가 헤이세이로 바뀌고 사반세기가 흐르는 동안에도 여전히 화장은 시시각각 유행이 달라지고 있다. 또 지금까지 계승되어온 전통 화장 인식에 새로운 변화도 생겨났다. 그래서 마지막으로 헤이세이 시대의 화장 동향에 대해 조금 덧붙이고 싶다.

헤이세이 1년인 1989년부터 20세기의 마지막에 해당하는 2000년(헤이세이 12)까지 화장이 어떤 변화를 겪었는지 살펴보면,

10년 조금 넘는 짧은 기간인데도 미백 붐, 머리 염색 붐, 여중고생이 시작한 가는 눈썹의 유행, 눈을 강조하는 '눈의 힘 화장' 등 다양한 유행이 세상의 이목을 끌었다.

그중에서도 미백 붐은 일본 여성의 흰 피부 지향이 여전히 강하다는 사실을 다시금 알려주었다. 반면 머리 염색 유행은 헤이안 시대 이후 약 1000년에 걸쳐 이어져온 검은 머리가 아름답다는 미의식을 뒤흔들어놓았다. 머리를 검정 이외의 밝은 색으로 염색하는 것이 멋있다고 인지되어 염색은 여성뿐 아니라 남성에게도 순식간에 퍼졌다.

이 짧은 기간의 특징을 한마디로 정리한다면, 화장에 관한 흥미나 관심이 이전 시기에 비해 넘치도록 커져서 가히 화장 유행의 시대였다고 할 수 있겠다. 그 배경에 화장품을 포함한 물건이 넘쳐나는 소비사회의 발달과 소비를 부추기는 대중매체의 영향이 있음은 더 말할 필요도 없다. 그 밖에도 일본 사회에 외모를 중시하는 풍조가 침투했다고도 볼 수 있다.

본래 일본인은 에도 시대의 《여대학》에도 나오듯이 '용모보다는 마음씨'라는 내면 중시의 사고를 가지고 있어 화장은 어디까지나 몸단장이고 예의라는 의식이 강했고, 화장하는 모습도 결코 타인에게 보이지 않았다. 화장은 남이 보지 않을 때 몰래 하는 것이지, 공공연히 드러내놓고 하는 것이 아니었다.

그런데 쇼와 시대 말기가 되면 이러한 내면 중시 사고와는 정반대인 '원하는 내가 되기 위해서는 외모도 중요하다'는 미국식 가치관이 퍼지게 된다. 패션과 화장 분야에서 이러한 생각을 내세운 이들은 당시 새로운 직업인이었던 컬러 애널리스트와 이미지 컨설턴트였다. 그들은 미국의 이론을 도입해 양복의 색을 조화롭게 맞춰 꾸며주고, 어울리는 색을 찾아주는 화장법을 지도해주며, 행동거지 충고 등을 통해 외모의 중요성을 강조했다. 이들의 고객 중에는 일반 여성은 물론이고, 선거용으로 이미지 전략이 필요한 정치가와 고위관리직 남성도 있었다.

이제 '여성뿐 아니라 남성도 외모를 신경 쓰는 시대가 왔다'는 내용의 기사가 여러 번 신문과 잡지에 실리면서 외모를 중시하는 사고는 더욱 확산됐다. 쇼와 시대 말기부터 헤이세이 시대 초기는 남녀고용평등법이 시행되고 거품경제 시기와도 겹쳐서 사회 전체적으로 상승 지향이 강한 때였다. '원하는 내가 된다', 바꿔 말하면 자기실현을 위해서는 외모가 중요하다는 생각이 지위 상승을 노리는 많은 사람의 마음을 사로잡았던 것이다.

여성에게 화장은 외모를 좌우하는 매우 큰 요인이기에 이때부터 화장은 외모를 갈고닦는 수단, 즉 아름다워지기 위한 수단으로 많은 여성 잡지 등에서 개방적, 긍정적으로 이야기됐다.

언제까지나 아름답게

외모 중시 풍조는 당시 텔레비전 광고에도 나타났다. 1995년 여배우 세토 아사카瀨戶朝香가 "외모로 골라서 뭐가 나빠요!"라고 외치는 코닥의 일회용 카메라 광고가 '새로운 말, 유행어 대상'의 톱 10에 뽑혔다. 이는 "최종적으로 평가받는 것은 내실이라고 해도, 우선은 외모"라는 새로운 가치관에 공감하는 사람이 늘었음을 보여준다. '용모보다 마음씨'가 아니라, '좋은 외모가 사회적으로 공공연하게 플러스 점수를 받는' 시대가 찾아온 것이다.

여성 잡지 업계는 이러한 세태를 바로 포착했다. 1998년 창간된《VoCE》를 비롯해《미적美的》(2001),《MAQUIA》(2004)와 같이 '뷰티 코스메틱 잡지'로 분류되는 새로운 장르의 월간지가 잇달아 나왔다. 이런 잡지는 기존 패션 잡지의 화장 특집에 만족하지 못하는 독자를 대상으로 책 한 권 전체를 화장과 미용 관련 정보로 특화했고, 예뻐지기 위한 끝없는 노력을 주제로 삼았다. 잡지에 등장하는 배우와 모델, 화장 전문가 속에서 '미美의 카리스마'라 불리는 미용의 달인이 탄생했고, 그들의 화장법과 피부 손질법, 아름다움을 유지하기 위한 라이프스타일이 주목받았다.

그뿐 아니라 헤이세이 시대에 들어오면 급속도로 발달한 인터넷 덕에 화장 전문 온라인 커뮤니티가 만들어졌다. '어느 화장품이 좋은지', '어떻게 하면 예뻐 보이는지' 등의 구체적인 평가가 게재되는 등 개인의 현실감 있는 화장 정보가 공유됐다. 화장으로 아름다워지는 것은 더 이상 숨길 일이 아니었다. 아름다움을 획득하는 과정을 보여주고, 다른 사람의 이야기를 듣고 칭찬받는 식으로 바뀐 것이다.

그리고 이제까지 중시되지 않았던 중장년층 대상의 화장품 개발이 활발해진 점도 고령화 사회를 맞이한 헤이세이 시대의 새로운 경향이다. '언제까지나 젊고 아름답기'를 소원하는 중장년층까지 끌어들임으로써 앞으로도 화장에 대한 사람들의 기대치는 더욱 높아져갈 것이다. 우리는 의도치 않았어도 자기 얼굴을 캔버스로 삼는 헤이세이 시대의 새로운 화장 문화 속 일원이 된 것이다.

후기

나와 요시카와코문칸吉川弘文館 출판사의 인연은 에도 시대 화
장에 대해 글을 썼던 거의 20년 전으로 거슬러 올라간다. 당시
나는 폴라 문화연구소에서 근무했고, 일본과 서구의 화장, 머리
묶는 문화, 동서양의 비교 등을 연구하고 있었다. 동서고금의 화
장 도구와 서적에 둘러싸여 알려지지 않은 화장의 역사를 탐색
하던 나날은 지금 돌아봐도 소중한 경험이었다.

　회사를 퇴직한 후에도 미용사와 같은 선문가 대상 삽지에 화
장의 역사와 머리 묶기 문화에 대한 글을 연재하는 등 미용과
화장에 관련한 일을 하면서 관심 있는 소재에 대한 조사를 계속
했다.

　그러던 중 메이지 시대부터 미용업계를 견인한 선구적 미용
가에 대한 글을 잡지에 연재할 기회를 얻었다. 미용과 에스세틱

사업을 처음 시작한 이야기, 전시기와 전후의 혼란기를 헤쳐 나온 일, 전후 경제성장기에 사업을 발전시킨 노력 등 취재를 통해 부각되는 미용가의 파란만장한 역사에서 자기 자신을 믿고 시대를 헤쳐 나온 힘을 느낄 수 있었다.

관계자에게서 이야기를 듣던 중에 문득 쇼와 시대가 먼 옛날이로구나 하는 것이 느껴졌다. 전후 일본의 화장에 대해 정리해 보려던 차에 이 책의 집필 의뢰를 받았다.

하지만 이 책은 전후에 국한하지 않고 고대부터 쇼와 시대 말기까지 전부 다루었다. 책의 구성을 고민하다가 통사로 읽을 수 있는 이 분야의 책이 많지 않으니까 이 기회에 한 권으로 정리해 보자는 결정을 내린 것이다.

통사를 쓰는 데 가장 어려웠던 점은 각 장의 항목을 어떻게 정리하느냐 하는 것이었다. 지면에 한계가 있어 눈물을 머금고 잘라낸 항목도 있지만, 화장의 기본이 되는 부분은 확실히 설명하려고 노력했다.

이 책의 특징 중 하나는 여성 잡지 외에 신문 기사를 많이 인용했다는 점이다. 메이지 시대 이후 화장의 유행을 알기 위한 자료로 가장 자주 인용되는 것이 여성 잡지다. 여성 잡지의 미용 기사는 화장의 새로운 경향을 알려주는 귀중한 자료지만, 그 새로운 경향이 모두 일반인에게까지 유행했던 것은 아니다.

따라서 화제가 됐을 때 기사화하는 신문을 자료로 같이 사용하기로 하고,《아사히 신문》과《요미우리 신문》에서 화장의 유행에 관한 기사를 추려냈다. 가능한 한 이제까지 알려지지 않은 새로운 자료를 제시하려고 노력했다.

또 전후 일본을 다룬 부분에서 화장품 출하 금액으로 산출된 성장률을 유행의 증거로 제시했다. 1946년부터 1991년까지 데이터는《화장품 공업 120년의 발자취》본편과 자료편에서, 1992년 이후 데이터는 경제산업성의《화학공업 통계연보》의 통계 자료에서 뽑아 직접 산출했음을 덧붙인다.

화장의 유행은 순식간에 지나간다. 그러나 아름다워지고 싶은 인간의 마음은 예나 지금이나 마찬가지다. 바로 그런 이유로 사람은 화장에서 벗어날 수 없는 것이 아닐까.

이 책을 쓰면서 새롭게 흥미를 가지게 된 소재가 많아서 앞으로도 화장 이야기를 발굴해 나가고 싶다. 이 책을 다 읽고 나서 독자 여러분이 "아, 그랬구나"라고 할 만한 새로운 발견이 있었다면, 저자로서 더 이상의 기쁨은 없을 것이다.

폴라 문화연구소의 전 소장 고마쓰 히데오小松秀雄 씨에게는 전후 일본의 화장과 화장품 업계에 관한 자료를 제공받았다. 또 시세이도 기업자료관資生堂企業資料館의 고이즈미 지사코小泉智佐子 씨, 폴라 문화연구소의 도미자와 요코冨澤洋子 씨에게는 도판 사용과 관련한 조언 및 도움을 받았다. 그 밖에도 많은 분의 도움으로 이 책을 완성할 수 있었다. 신세를 진 모든 분께 이 지면을 빌려 진심 어린 감사를 드린다.

2016년 5월

야마무라 히로미 山村博美

역자 후기

내가 화장에 '눈을 뜬' 계기는 입술연지였다. 몇 년 전 아모레퍼시픽 사보의 글을 부탁받아 이세한 본점의 연지박물관을 방문한 적이 있다. 본문에 나오듯이 이세한 본점은 1825년부터 연지를 만들어온 노포이고, 지금도 잇꽃에서 추출한 입술연지를 만들고 있다.

박물관 직원이 종지에 들어 있는 초록색 연지를 내 손등에 바르자 붉게 바뀌었다. 신기해하는 내게 직원은 잇꽃차까지 대접해주었다. 그러고는 연지박물관의 설명문에 잇꽃은 중국과 한반도에서 일본으로 전래된 것으로 적혀 있는데, 한국의 전통 연지 제작법은 어떠한지 물었다. 화장에 대한 지식이 미천한 나는 제대로 대답할 수 없었다. 이날의 경험으로 '화장 연구를 통해 동아시아의 역사와 사회, 문화를 새롭게 살펴볼 수 있겠구나' 하는 큰 깨달음을 얻었다.

그러한 갈망이 있던 차에 이 책《화장의 일본사》가 다가왔다. 저자의 표현처럼 이 책은 "얼굴이라는 작은 우주에 전개되는 화장"을 통해 일본의 역사와 사회, 문화를 탐구해 나간다. 게다가 일본과 동아시아, 동양과 서양의 비교를 통해 이 책은 화장이라는 심오한 세계로 독자를 깊숙이 끌고 들어간다.

화장에 대한 관심은 크지만, 내 전공과는 거리가 있는 소재라 번역 작업이 쉽지는 않았다. 그리고 도판 사용 허가를 얻는 작업이 힘들었다. 일본 측 출판사가 번역판에 쓰일 도판 사용 허가를 새로 받아야 한다고, 도판 저작권 소유자의 주소가 적힌 목록을 보내왔다. 100년 만의 더위가 찾아온 2018년 여름, 에어컨이 있어도 시원하지 않은 연구실에서 나는 편지를 쓰기 시작했다. 도판 하나에 편지 하나만 보내면 되는 게 아니었다. 하나의 도판에 사용 허가를 여러 곳에서 받아야 하는 경우도 있었기 때문이다. 잡지 표지 사진의 경우 잡지사, 표지 모델 소속 기획사, 사진을 촬영한 사진가의 허가를 모두 얻어야 했다. 한 모델은 이 책의 일본어 원서가 나온 이후 기획사를 옮기기도 했다. 규모가 큰 미술관으로 보냈는데 수취인 주소 불명으로 편지가 돌아오기도 했다. 도판 사용료 지불은 국제 송금으로 해야 하니, 이 또한 쉽지 않았다.

몇 개월에 걸친 노력 끝에 모든 도판의 사용 허가를 받을 수 있었다. 흑백 도판으로 출판된 일본어 원서와 달리 한국어 번역본은 컬러이기 때문에 독자 여러분은 좀 더 확연하게 화장의 변천을 알 수 있으리라 생각된다. 도판 사용 허가와 관련하여 저자인 야마무라 히로미 선생님의 많은 도움을 받았다. 그리고 아모레퍼시픽 재단의 직원 여러분, 강영선 상무이사님을 비롯한 서해문집 출판사 여러분에게도 감사드린다.

2019년 5월

강태웅

주

1   도쿠가와 이에야스(德川家康)가 에도, 즉 지금의 도쿄에 막부를 세운 1603년부터
    메이지 유신(明治維新)으로 막부가 끝난 1868년까지를 가리킨다.

2   3세기 중반부터 7세기 초반까지 고분이 일본 전역에 조성되던 시대를 말한다.

3   이를 검게 칠하는 풍습을 말한다.

4   나라에서 헤이안, 즉 지금의 교토(京都)로 도읍이 옮겨진 794년부터 가마쿠라
    막부가 성립하는 1185년까지를 말한다.

5   가마쿠라 시대는 가마쿠라에 막부가 있었던 1185~1333년을 말하고, 무로마치
    시대는 교토의 무로마치에 막부가 있었던 1336~1573년을 말한다.

6   한시(漢詩)에 대하여 일본(和)의 시를 뜻하는 말. 와카에는 길이가 긴 것도 있었으나,
    현대에는 5·7·5·7·7의 서른한 자로 이루어진 단가를 뜻하는 경우가 많다.

7   〈위지왜인전〉은 일본에서 쓰이는 용어로, 원래는 《삼국지(三國志)》 〈위서(魏書)〉
    '동이전(東夷傳)'의 왜인과 관련된 부분을 말하고, 독립된 항목이 아니다.

8   구워진 토용으로 고분 주위에 장식됐다. 사람, 동물, 집 등의 모양이 있다.

9   한자를 일본어로 해설한 사전.

10 아스카에 도읍이 있던 592년부터 710년까지를 말한다.

11 나라에 도읍이 있던 710년부터 794년까지를 말한다.

12 아스카에서 후지와라로 도읍을 옮긴 694년부터 710년까지를 가리킨다. 짧은
    기간이라 아스카 시대에 포함하는 경우가 많다.

13 섭관은 천황을 대신해 정무를 보던 관직인 섭정(攝政)과 관백(關白)을 합쳐 부르는

말이다. 천황의 외척인 후지와라씨가 섭관을 세습했다.

14 헤이안 시대 중기 이후 귀족의 옷으로, 몇 겹씩 겹쳐 입는 형식이다.
    주니히토에(十二單)란 열두 겹의 옷을 껴입는다는 뜻이지만, 꼭 12라는 수에 맞추어
    입지는 않았다.

15 헤이안 시대 후기부터 가마쿠라 시대 초기 사이에 쓰인 단편집이다.

16 정원을 남쪽에 두고 침전을 중심으로 ㄷ 자 모양으로 둘러싸는 건축 형태를 말한다.

17 관직을 가진 귀족 계층. 무력을 가진 무가(武家)와 대비되는 명칭이다. 과거제도가
    없었던 일본에서 관직은 가격(家格)에 따라 정해졌다.

18 말을 타지 못하고 걸어서 이동해야 했던 최하급 무사.

19 이마부터 정수리까지 밀어버리는 머리 모양.

20 에도 막부가 전국의 다이묘(大名)를 통제하기 위해 반포한 법령.

21 실제 일어났던 전쟁을 바탕으로 하여 허구를 섞어 만든 이야기로, 구전 형태와 서적
    형태로 전래됐다. 대표 작품으로 《헤이케 이야기》(平家物語), 《다이헤이키(太平記)》
    등이 있다.

22 유곽이나 여관에서 손님을 상대로 성적 접대를 하던 여성.

23 무로마치 시대에 완성된 일본의 전통 예능. 노를 할 때 사용하는 가면은 주인공
    역할을 하는 '시테(シテ)'만이 착용하고 다른 출연자는 쓰지 않는다. 고모테와
    마고지로는 둘 다 품위 있는 젊은 여성 가면이다.

24 오다 노부나가와 도요토미 히데요시가 정권을 잡았던 1568년부터 1603년까지의
    시기. 각각의 거점이 있었던 아즈치와 모모야마 지역에서 따온 명칭이다. 이 시대를
    별도로 나누지 않고 전국(戰國) 시대에 포함하는 학자도 있다.

25 에도 막부의 통치 체제를 일컫는 말. 쇼군을 중심으로 하는 막부는 중앙정부 역할을
    했지만, 각 번(藩)의 통치는 번주(藩主)인 다이묘에게 맡겼다. 대신 중요 지역을
    막부의 직할령으로 삼았고, 각 다이묘가 막부의 권위에 도전할 수 없도록 여러 가지
    통제 수단을 마련했다.

26 에도 시대에 서민의 자녀를 대상으로 읽고 쓰기와 산수를 가르치던 서당과 같은 곳.
    남녀가 같이 배웠다.

27 이세 신궁 참배를 말한다. 에도 시대에 지방도로가 정비되자 이를 이용해 많은
    서민이 이세 신궁 참배를 했다.

28 에도 시대 서민은 거주 지역의 특정 사찰에 소속돼야 했다. 사찰은 주민의 호적을
    관리했는데, 이를 단가제도라고 한다. 이세 신궁의 온시는 지방을 돌면서 이세
    참배를 독려하던 사람이다.

29 남만인은 포르투갈 사람과 에스파냐 사람을 말하지만, 남만무역이라고 하면 중국 및 동남아시아와 행했던 교역 전반을 가리킨다.

30 에도 시대 3대 개혁은 교호, 간세이(寬政), 덴포 개혁을 말한다. 화폐경제와 상업 발달로 물가가 오르자 막부는 구체적인 경제 정책을 입안하고, 상공인의 검약을 강조하는 사치금지령을 내렸다.

31 에도 사람이 입던 평상복. 부유한 서민이 무사 계급보다 더 화려한 옷을 입자, 이를 경계하기 위해 여러 금지령을 내렸다.

32 오란다는 네덜란드를 말한다. 에도 막부는 서양 국가 중에서 오직 네덜란드와만 공식 교류를 했기 때문에 당시 일본에 와 있는 유럽인은 모두 네덜란드 사람이라고 생각됐을 것이다.

33 에도 시대에 서민층에서 유행한 풍속화. 대부분 목판화로 대량생산됐기 때문에 서민도 저가에 구입할 수 있었다.

34 센류는 5·7·5조의 정형시로, 해학적이고 풍자적인 내용이 많다.

35 남성만 연기할 수 있는 가부키에서 여성 역을 맡은 배우를 지칭하는 말이다.

36 가부키에서 소년 역을 말한다.

37 에도에 있던 세 개의 가부키 극장 가운데 가장 오래된 곳이다.

38 다색 판화로 찍은 우키요에의 색깔이 비단처럼 곱다고 하여 '비단(니시키) 그림'이라 불렸다.

39 주고쿠 지역은 현재의 히로시마현을 중심으로 야마구치현, 시마네현, 돗토리현, 오카야마현을 말한다. 간토 지역은 도쿄를 중심으로 이바라키현, 도치기현, 군마현, 사이타마현, 지바현, 가나가와현을 말한다.

40 에도성에 있던 쇼군의 정부인과 측실, 그들의 자녀와 시녀가 거처하던 곳으로, 남성의 출입이 금지됐다.

41 1869년(메이지 2) 각 번(藩)이 가지고 있던 영토와 호적(인민)을 조정에 반납한 일을 말한다.

42 무사 계급이었던 사람은 메이지 유신 이후 사족이 됐다.

43 로쿠메이칸은 일본이 '문명국'임을 선전하기 위해 외국 사절을 초대해 연회를 열던 서구식 사교 시설이다. 무도회에서 일본인 여성은 서양의 드레스를 입고 춤을 추었다. 이곳에서 무도회가 열리던 1883년부터 1887년까지를 로쿠메이칸 시대라고 한다.

44 히구치 데루오,〈메이지 시대 중기 오하구로 습속에 대하여〉, 《일본치과의사학회회지(日本齒科醫史學會會誌)》26권 3호, 2005.-원주

45 일본식(和)과 서양식(洋)이 섞인 형태를 말한다.

46 엉덩이 쪽을 크게 부풀린 스타일의 드레스를 말한다.

47 다이쇼 시대에 들어와 현저해진 민주주의적, 자유주의적 풍조를 말한다.

48 솔로몬제도에 있는 섬으로, 미군과 일본군의 격렬한 전투가 벌어졌다. 미드웨이 해전과 더불어 일본군이 수세로 몰리는 전환점이 됐다.

49 작업할 때 입는 일 바지. 일본 정부는 1942년 몸뻬를 여성의 표준복으로 지정하고 착용을 의무화했다.

50 빛이 색에 미치는 효과. 자연광 아래에서의 색깔에 얼마나 가깝게 나타낼 수 있는지를 말한다.

51 1958년 7월부터 1961년 12월까지 계속된 호경기를 말한다.

52 1965년 11월부터 1970년 7월까지 이어진 호경기를 말한다.

참고 문헌

E. スエンソン 著, 長島要一 譯, 《江戶幕末滯在記》, 新人物往來社, 1989.

池田錦水, 《化粧の手引》, 家庭新報社, 1906.

石川松太郎 編, 《女大學集》, 東洋文庫302, 平凡社, 1977.

石田かおり, 《化粧と人間-規格化された身體からの脱出》, 法政大學出版局, 2009.

磯村春子, 《今の女》, 文明堂, 1913.

市村勳, 《朱の考古學》, 雄山閣, 1975.

上村松園, 《靑眉抄》, 求龍堂, 1995.

江馬務, 《江馬務著作集第四卷 裝身と化粧》, 中央公論新社, 1988.

遠藤武·石山彰, 《圖說日本洋裝百年史》, 文化服裝學院出版局, 1962.

遠藤波律子, 《正しい化粧と着付》, 婦女界社, 1926.

遠藤波律子(四代目), 《遠藤波律子の世界―婚禮衣裳―》, 婦人畫報社, 1985.

奧野高廣, 《戰國時代の宮廷生活》, 續群書類從完成會, 2004.

花王石鹼資料室 編, 《年表·花王石鹼90年史》, 花王石鹼株式會社, 1980.

北川鐵三 校注, 《第二期戰國史料叢書6 島津史料集》, 人物往來社, 1966.

喜田川守貞 著, 宇佐美英機 校訂, 《近世風俗志 二》, 巖波書店, 1997.

近世風俗硏究會, 《繪本江戶化粧法》, 近世風俗硏究會, 1955.

宮内庁 編, 《明治天皇紀 第三》, 吉川弘文館, 1969.

熊井戸立雄,《ファッションと風俗の70年》,婦人畫報社, 1975.

今和次郎·吉田謙吉,《モデルノロヂオ 考現學》,春陽堂, 1930.

今田信一,《改訂 最上紅花史の研究》,高陽堂書店, 1979.

今田洋三,《江戸の本屋さん―近世文化史の側面―》,平凡社, 2009.

佐々木多聞,《新化粧》,日高有倫堂, 1907.

佐山半七丸 著, 高橋雅夫 校注,《都風俗化粧傳》,東洋文庫四一四, 平凡社, 1982.

澤田明,《近世紅花問屋の研究》,大學堂書店, 1969.

C·P·ツュンベリー 著, 高橋文 譯,《江戸參府隨行記》,東洋文庫五八三, 平凡社, 1994.

資生堂,《資生堂百年史》,資生堂, 1972.

陶智子,《江戸美人の化粧術》,講談社, 2005.

_____,《前田家の化粧書》,桂書房, 1992.

高橋雅夫,《化粧ものがたり》,雄山閣, 1997.

_____,《わたしの渡世日記 上·下》,朝日新聞社, 1976.

丹波康頼 撰, 槇佐知子 全譯精解,《醫心方 巻二六 仙道編》,筑摩書房, 1994.

_____, 槇佐知子 全譯精解,《醫心方 巻四 美容編》,筑摩書房, 1997.

張競,《美女とは何か 日中美人の文化史》,角川學藝出版, 2007.

津田紀代·村田孝子,《眉の文化史》,ポーラ文化研究所, 1985.

_____,《モダン化粧史 裝いの80年》,ポーラ文化研究所, 1986.

東京小間物化粧品商報社,《小間物化粧品年鑑》,東京小間物化粧品商報社,
　　　1913·1932·1935～1943.

中田節子 著, 林美一 監修,《廣告で見る江戸時代》,角川書店, 1999.

中山千代,《日本婦人洋裝史》,吉川弘文館, 1987.

長澤武,《植物民俗》,ものと人間の文化史101, 法政大學出版局, 2001.

永島今四郎,《千代田城大奧》,朝野新聞社, 1892.

成美弘至 編,《モードと身体―ファッション文化の歴史と現在―》,角川學藝出版,
　　　2003.

日本ペイント株式會社社史編纂室 編集,《日本ペイント百年史》,日本ペイント, 1982.

野田只夫,〈伊勢白粉座と輕粉末〉,《日本歴史》一〇五号, 吉川弘文館, 1957.

八文舎自笑,《役者全書》,《歌舞伎叢書 第一集》, 金港堂, 1910.

花咲一男,《江戸買物独案内》, 渡辺書店, 1972.

_____,《諸國買物調方記》, 渡辺書店, 1972.

原三正,《お齒黒の研究》, 人間の科學社, 1981.

ハリー牛山,《モダン化粧室》, 寶文館, 1931.

春山行夫,《おしゃれ文化史Ⅰ 化粧》, 平凡社, 1988.

樋口輝雄,〈明治中期のお齒黒習俗について〉,《日本齒科醫史學會會誌》二六巻三号,
　　　2006.

ヒュー・コータッツィ 著, 中須賀哲朗 譯,《ある英國外交官の明治維新—
　　　ミットフォードの回想—》, 中央公論社, 1986.

平尾太郎,《平尾贊平商店五十年史》, 平尾贊平商店, 1929.

福澤諭吉 著, 慶應義塾 編集,《福澤諭吉全集》第三巻, 巖波書店, 1969.

難波芙蓉,《新式化粧法》, 博文館, 1910.

ポーラ化粧品本舗,《永遠の美を求めて Pola物語》, ポーラ化粧品本舗, 1980.

ポーラ文化研究所 編,《浮世繪美人くらべ》, ポーラ文化研究所, 1998.

_____,《化粧文化》一〜一四号, ポーラ文化研究所, 1979〜1986.

_____,《日本の化粧—道具と心模様—》, ポーラ文化研究所, 1989.

マックスファクター,《マックスファクター メークアップの一〇〇年》, マックス
　　　ファクタープレスルーム, 2009.

松田毅一 著, E・ヨリッセン 譯,《フロイスの日本覺書》, 中央公論社, 1983.

水尾順一,《化粧品のブランド史》, 中央公論社, 1998.

三須裕,《顔をかへるお化粧の仕方》, 善文社, 1926.

_____,《化粧美學》, 都新聞社出版部, 1924.

三田村鳶魚,《御殿女中》, 春陽堂, 1930.

三田村蕗子,《夢と欲望のコスメ戰争》, 新潮社, 2005.

棟方昭博,〈化粧と化粧品の變遷〉, 神庭信幸他 監修,《色彩から歴史を讀む》,
　　　ダイヤモンド社, 1999.

村澤博人,《顔の文化史》, 講談社, 2007.

村澤博人·津田紀代,《化粧史文献資料年表》, ポーラ文化研究所, 1979.

森永卓郎 監修,《明治·大正·昭和·平成 物価の文化史事典》,展望社, 2008.

山村博美,〈江戸時代の化粧〉, 江戸遺跡研究會 編,《江戸文化の考古學》, 吉川弘文館,
　　2000.

_____,〈美のパイオニアたち〉,《エステネット》五一·五二·五五号, 新美容出版,
　　2008·2009.

山本桂子,《お化粧しないは不良のはじまり》, 講談社, 2006.

湯原美陽子,《王朝物語文學における容姿美の研究》, 有精堂, 1988.

ラザフォード·オールコック 著, 山口光朔 譯,《大君の都》, 巖波書店, 1962.

リチャード·コーソン,《メークアップの歴史》, ポーラ文化研究所, 1982.

渡辺信一郎,《江戸の化粧 川柳で知る女の文化》, 平凡社, 2002.

이밖에도 많은 서적과 논문, 잡지, 신문 그리고 화장품 회사와 미용업계의 공식 웹
사이트를 참고로 했다.